천의얼굴을 가진

이탈리아

천의 얼굴을 가진 이탈리아

유럽 문화 정체성의 기원과 이해를 위한 이탈리아 20개주 이야기

1판 인쇄 | 2012년 6월 1일
1판 발행 | 2012년 6월 5일

지은이 | 김종법
펴낸이 | 양기원
펴낸곳 | 학민사

등록번호 | 제10-142호
등록일자 | 1978년 3월 22일

주소 | 서울시 마포구 합정동 373-4 성지빌딩 715호(121-897)
전화 | 02-3143-3326~7
팩스 | 02-3143-3328

홈페이지 | http://www.hakminsa.co.kr
이메일 | hakminsa@hakminsa.co.kr

ISBN 978-89-7193-207-0 (03920), Printed in Korea

이 도서의 국립중앙도서관 출판시도서목록(CIP)은 e-CIP홈페이지(http://www.no.go.kr/ecip)와
국가자료공동목록시스템(http://nl.go.kr/kolisnet)에서 이용하실 수 있습니다.
(CIP제어번호 : CIP2012002464)

이 책은 **한국연구재단의 연구지원사업**(연구과제명 KRF-2009-362-A00001)의
지원을 통해 출간되었습니다.

천의얼굴을가진
이탈리아

유럽 문화 정체성의 기원과 이해를 위한 이탈리아 20개주 이야기

김종법 지음

학민사
Hakmin Publishers

책 을 펴 내 기 까 지

문화를 이야기하는 책들은 지은이가 어떤 사람
인가, 또 이야기를 풀어내는데 어떤 색깔을 입히냐에 따라 다양
한 내용이 나온다. 가벼운 에세이 같은 책도 있고, 조금은 무거
운 인생살이에 대한 내용도 있으며, 세상을 돌아다니며 보고들
은 것을 재미있게 풀어낸 책도 있다.

그런 이유로 문화서는 독자가 원하는 방향과는 다른 내용을
접하게 될 수도 있어 책을 선택하기가 쉽지 않다. 특히 특정 지
역이나 국가를 다룬 문화서는 더더욱 독자들의 선택을 어렵게
한다. 단순히 정보를 다룬 책에서부터 현지 생활을 기반으로 깊
이 있는 성찰과 해석이 돋보이는 책 등 그 내용이 다양하기 때
문이다.

그런 면에서 이 책을 독자들에게 어떻게 소개해야 할지 잠
시 고민하게 된다. 이 책이 갖는 특별한 시각을 독자들에게 정

확하고 쉽게 전달하는 것이 일단 고민인 것이다. 이 책은 기존 이탈리아를 다루고 있는 문화서와 몇 가지 점에서 다른 특징이 있다.

첫째, 이탈리아라는 나라에 대한 이야기지만, 나라보다는 주우리나라의 도에 해당 단위의 문화를 이야기하고 있다.

둘째, 지역에 기반 하여 이탈리아의 문화 정체성을 다룬다. 문화 정체성이라는 용어가 다소 무겁게 느껴지기는 하지만, 이탈리아가 유럽 문화를 구축하는데 중요한 출발점이라는 사실에 주목하여 유럽문화의 기원과 다양성에 대해 이야기하고자 한 것이다.

셋째, 이탈리아의 당면 문제를 정치사회적 시각에서 풀어내고 있다. 이탈리아 문화서들이 대부분 문화유적과 관광을 다루고 있다는 점에 비추어 본다면 이 책은 정치사회적인 성격을 띤다.

넷째, 이방인의 눈에 비친 남유럽 나라로서의 이탈리아 문화서이다. 대부분의 나라들이 안고 있는 사회문제를 7년 동안 유학생 신분으로 살아 온 저자의 경험과 학문적 과정으로 풀어낸 것이 이 책이다.

이 책은 다소 무거운 주제들을 다루고 있고, 일견 전문적인 분야에 대해서도 기술하고 있다. 그럼에도 불구하고 이 책은 이탈리아를 사랑하고, 이탈리아에 대해 흥미를 가진 독자들에게 다른 책과는 다른 새로운 관점과 내용을 전달한다. 곧 아름답지만 그 속에 감추어진 아수라 백작의 이미지를 가진 이탈리아는 지금까지 듣고 보아온 내용들과는 너무나 다를 수 있다.

이 책은 그러한 '다름'에 대한 저자의 시각과 인상을 중심으로 현대 이탈리아의 여러 사회 문제들에 대해, 그리고 지역과 도시들에 대해 서술하고자 한다.

Part II의 Ch01은 로마와 라찌오 주는 수도로서 한 국가가 당면하고 있는 사회문제 일반과 외국인에 대한 이탈리아인의 시각, 그리고 가톨릭의 문제 등에 대해 이야기한다. 영원의 도시라고 불리는 로마이지만 폭발 직전의 숱한 사회문제는 용광로라는 표현이 딱 들어맞을 정도로 심각한 일면이 있다.

Ch02는 가장 논란이 많은 정치가이자 성공한 기업가 베를루스꼬니를 둘러싼 밀라노와 롬바르디아에 대한 것이다. 스캔들의 제왕 베를루스꼬니가 성장한 경제 수도 밀라노의 이면의 추악함과 이탈리아 제2공화국을 출범시켰던 마니뿔리떼를 통해 현대 이탈리아의 정치부패를 적나라하게 밝힌다.

Ch03은 문화의 수도라고 할 수 있는 또스까나 주의 피렌체와, 또스까나의 이탈리아적 특징을 아그리뚜리즈모와 문화의 관점에서 서술한다.

Ch04에서는 세계에서 가장 독특하고 아름다운 운하 구조의 수상도시 베네찌아의 이중성을 드러낸다. 삶에 대한 태도, 사랑과 성 문제 등을 바라보는 이탈리아인들의 내면에 대해 이야기하는 장이다.

*Ch05*는 이탈리아에서 가장 이질적이고 전혀 이탈리아 같지 않은 뜨렌띠노 알또 아디제 주를 다루고 있다. 인종과 언어까지 이탈리아 일반 국민들과는 다른 이 지역을 통해, 이탈리아가 통일국가로서 얼마나 취약한가를 지적한다.

*Ch06*은 이탈리아 통일 왕국의 수도이자 산업화의 상징인 또리노와 삐에몬떼에 대한 이야기이다. 공업도시라는 배경은 이탈리아 노동운동의 상황을 풀어가기에 적합한 예이며, 이탈리아 제조업의 대표기업인 피아트의 불행한 역사에 대해서도 함께 서술한다.

*Ch07*에서는 이탈리아에서 가장 부유한 주로 제3의 이탈리아라는 현상을 불러일으킨 에밀리아로마냐 주와, 세계에서 가장 오래된 대학이 있는 볼로냐에 대해 서술한다. 특히 이탈리아인의 삶의 질을 높여주는 교육과 복지제도에 대해, 그리고 중소기업이 성공하고 발달할 수 있는 지역의 산업정책에 대해서도 이야기한다.

*Ch08*에서는 안정환 선수의 이탈리아 프로축구 활동의 근거지였던 뻬루지아를 통해 종교보다 강한 이탈리아의 축구 열기를 전한다.

*Ch*09는 세계 3대 미항의 하나이지만, 지금은 쓰레기 도시라는 오명을 뒤집어 쓴 나폴리와 뛰어난 해안 절경과 역사를 가진 깜빠냐 주를 다루고 있다. '안되는 게 없는 주' 라는 이미지에 맞는 불투명한 사회구조 현실을 필자의 산 경험으로 드러내 보인다.

*Ch*10에서는 마피아로 유명한 빨레르모, 역사에 따라 중첩된 문화의 보고 시칠리아에 대한 이야기이다. 마피아를 통해 이탈리아 사회의 부정부패와 혈연, 지연에 얽매여 있는 사회현실, 여전히 전근대적인 가족주의적 사회구조를 이야기한다.

*Ch*11은 이탈리아의 휴양지로서 천혜의 풍광을 자랑하고 있는 리구리아 주와 콜럼부스의 고향 제노바에 대한 이야기이다.

*Ch*12에서는 이탈리아에서 가장 토속성을 고수하고 있는 사르데냐를 동시에 유럽의 부유한 이들의 별장이 많은 곳이라는 이중성으로 풀어낸다.

그리고 마지막 13장은 앞에서 다루지 않은 나머지 주들을 묶어 각각의 주요 특징들을 서술한다.

이 책에는 필자의 7년의 이탈리아 유학생활의 경험과 삶의 족적이 고스란히 녹아 있다. 여기에는 평범한 일상의 모습이지만, 스쳐 지나가는 이방인으로서는 느낄 수 없었을 다양한 모습의 이탈리아를 볼 수 있게 해준 고마운 얼굴들이 있다.

유학 생활을 진심으로 지지하고 성원해준 이탈리아 친구들과 사랑하는 우리 가족에게 먼저 그 고마움을 전한다. 유학 기간 내내 자동차도 없었던 우리 부부와 함께 이탈리아 이곳저곳을 기꺼운 마음으로 동행해준 파올로Paolo와 히로코Hiroko, 그리고 그들의 딸 에미Emi에게 고마움을 전한다. 어려운 유학생 부부를 위해 자신의 집을 헐값(?)에 넘겨준 마씨모Massimo와 유코Yuko 부부에게도 감사의 마음을 전한다.

여로모로 부족한 학생이었던 필자를 학문의 바다로 이끌어 주셨던 한형곤교수님과 이 책의 출판을 기꺼이 맡아 준 학민사에 심심한 감사의 인사를 전한다. 이 책의 내용에 대한 모든 책임은 전적으로 필자에 있다. 지역별로 엮은 소주제 역시 필자의 주관적 구성이다. 독자들의 준엄한 질책과 고언을 기다리면서 보다 나은 이탈리아 문화서를 고대해 본다.

끝으로, 이 책에서 다루고 있는 다양한 주제들에 대해 좀 더 자세히 알고 싶은 독자들께서는 다음의 참고 자료를 참조하기 바란다.

＊이탈리아 정치

"이탈리아 지방자치제도의 비교연구"(『이탈리아어문학』, 2003)

"하부정치문화요소를 통해 본 베를루스꼬니 정부의 성격"(『한국정치학회보』, 2004)

"변화와 분열의 기로에 선 이탈리아: 2006년 이탈리아 총선"(『국제정치논총』, 2006)

"이탈리아 권력구조 전환가능성과 시도: 연방주의와 대통령제로의 전환 모색"(『세계지역연구논총』, 2007),

"2008년 이탈리아와 한국의 총선비교 - 정치문화와 투표행태 분석을 중심으로"(『지중해지역연구』, 2009)

"이탈리아 지방 선거제도의 정치동학"(『현대정치연구』, 2010)

* 이탈리아의 노동문제

『이탈리아 노동운동의 이해』(노동사회연구소, 2004)

* 68운동 및 시민사회

"이탈리아 68운동과 시민사회의 성장"(『한국국제지역학회보』, 2005)

* 마피아와 부정부패 사회구조

"이탈리아 '마니뿔리떼'의 사회적?정치적 의미"(『세계지역연구논총』, 2005)

"이탈리아 부패의 정치문화 및 구조적 요인 분석"(『동북아연구』, 2010)

* 이탈리아 경제

"지역혁신개발정책 사례연구: '제3의 이탈리아'와 에밀리아 로마냐 주 패션산업을 중심으로"(『이탈리아어문학』, 2008)

＊복지정책 및 제도
"세계경제위기와 남유럽복지모델의 상관성: 이탈리아와 스페인의 복지정책을 중심으로"(『유럽연구』, 2011)

2012년 5월

김 종 법

CONTENTS

ITALIA

천의 얼굴을 가진 이탈리아
유럽 문화 정체성의 기원과 이해를 위한 이탈리아 20개주 이야기

Part Ⅲ 맺는 말

이탈리아의 역사와
문화에 흐르는
다양성의 기원과 흔적들

인 류   역 사 상   가 장   위 대 한   통 일 왕 국 을 이룩
했던 예를 들라면, 필자는 서슴없이 로마제국을 들 것이다. 여
기에는 몇 가지 나름의 이유가 있다.

먼저 역사적으로 최초로 세 대륙을 아우르는 통일국가를 이
룩하였다는 점이다. 물론 그 이전에 알렉산더 대왕이 이룩한 동
서양의 통일도 그에 못지않은 의의를 가진다고 할 수 있겠지만,
그 왕국의 지리적 확장과 역사성을 이야기할 수 있을 만큼의 영
속성이 있는가에 대해서는 의문이 든다. 영토의 연속성과 확장
성, 그리고 이후 시대와의 연결성을 고려한다면 단연 로마제국
이 이룩했던 통일은 남다른 의미를 갖는다. 두 번째는 현재의
유럽이라는 지역적 관점에서 서양문명의 토대를 구축했다는 점
이다. 세 번째는 현재의 유럽에 가까운 지형적 확장이 이 시기
에 이루어졌으며, 이에 따른 공통의 문화적 동기 부여를 했다는

점이다.

　그와 같은 통일왕국을 건설했던 로마인들, 아니 이탈리아인들이 중세와 근세에서 가장 불행한 분열의 역사를 가지고 있다는 사실은 참으로 아이러니하다. 로마제국이 동서로 분열된 뒤 다시 서로마제국이 용병대장 오도아케르에 의해 멸망하면서 이탈리아 반도는 그야말로 분열의 시대를 맞이한다. 이를 두고 몇몇 역사가는 로마 멸망으로 중세가 문화적으로 암흑기였다고 말한다. 그러나 이를 문명의 단절이라고 할 수는 있어도 문화의 퇴보라고 말하기는 어렵다고 생각한다. 어쨌든 이탈리아 반도가 분열의 시기를 거치면서 이탈리아라는 국가와 민족은 역사의 무대에서 사라지게 된다.

　이탈리아라는 지리적 공간 안에서 수많은 지방색과, 또 다른 각양각색의 이탈리아가 되는 계기는 바로 이 시기부터 시작되었다고 볼 수 있다. '천의 얼굴을 가진 이탈리아'라는 정치적 배경의 처음은 이렇게 분열 상태로부터 기인한 것이었다. 물론 1천년이 넘는 분열의 끈을 이을 수 있었던 것은 정치적인 면 이외에도 종교적·문화적 요인들이 복합적으로 작용했기 때문이지만, 어쨌든 이후 이탈리아는 수많은 색깔을 가진 스펙트럼의 국가 띠를 형성한다.

　로마제국 자체가 단일민족에 의한 단일국가가 아니었으므로 로마제국 역시 다양성을 기반으로 할 수밖에 없었다는 사실은 어쩌면 이탈리아가 갖는 다양함이 필연이라는 생각을 하게 한다. 그리스 식민지로 출발한 남부와 시칠리아의 여러 도시들, 로마 문명 이전에 로마보다 훨씬 개화된 문명을 이루고 있었던 에뜨루리아 문명, 로마가 도시구조와 제도를 본떴다는 화산재로 덮힌 폼페이 등은 로마 문명이 독자적인 것이 아닌 여러 선진문명의 복합체였다는 사실을 어렵사리 짐작할 수가 있게 한다. 그러한 로마였기에 제국이 멸망한 뒤에도 각 지방의 토착문화는 북방 '야만족'의 문명에 동화되지 않고 오히려 그들을 밀어내거나 동화시킬 수 있었으며, 그 지방에 기반한 독자적 문화를 가꾸어 나가게 된다.

문화적 독자성장의 기반 위에 더욱 강력한 토대를 제공하였던 것은 종교였다. 흔히 가톨릭이라고 하는 로마제국 시대의 국교는 제국의 멸망과 함께 더욱 융성하게 되는 역사적 역설의 전형이 된다. 다시 말해 로마라는 국가의 힘이 가톨릭교로 그 축이 옮겨가게 된 것으로 생각하면 이해가 쉬울 것이다. 그러나 그것은 종교적 관점에서 보면 긍정적이겠지만, 이탈리아라는 지형적·국가적 차원에서는 불행의 역사가 시작되었음을 알리는 징조였다.

세속적 강력한 왕권을 대체하고 정복지의 주민마저 동화시킨 가톨릭이라는 신권은 각 지역의 봉건 영주들과 적절한 관계를 유지하면서 성당이나 수도원들을 통해 일정한 영향력을 행사하였다. 거의 독립적 지위에 가까운 지역 군주 지방정부의 전통이 성립되기 시작한 것도 바로 이 시기였다. 각기 다른 언어와 민족, 그리고 풍습을 기반으로 독자적인 영주들이 지배하면서 이탈리아 반도는 다양한 모습을 가진 공동체 문화의 전통이 조성되었다. '천의 얼굴을 가진 이탈리아'라는 애칭으로 불리게 된 것은 바로 이와 같은 이유에서였다.

이탈리아에는 현재 8천개가 넘는 도시가 있다. 그 많은 도시의 대부분은 중세 이후 꼬무네Comune라고 하는 자치 시에서 연유한 것이다. 이렇듯 이탈리아 도시들은 5천년이 넘는 역사 위에 시대와 문화로 층층이 굴절된 다양성을 기본적 특징으로 한다. 바로 이 점이 이탈리아를 각양각색의 문화와 풍습을 가진 국가로 있게 하는 주요인이라고 볼 수 있다. 그런데 이들 도시들을 다시 한 번 크게 구별하는 단위가 바로 지역이라는 범주이며, 이탈리아는 이 범주를 주州 곧 레지오네regione라고 부른다.

지방과 주를 동일 단위로 보는 게 맞는가를 지적하는 이들도 있을 것이다. 이 책이 문화서라는 측면이 강하다는 점을 고려한다면, 지리학·지정학적 의미에서 주나 지방의 의미는 그리 중요한 것은 아니다. 보다 중요한 사실은 지방이 되었든, 주가 되었든 이탈리아에 대한 문화적 기반을 어떻게 구분하고 나누느냐의 문제이다.

지역의 의미를 하나의 국가로 구분하는 기준은 오래 전에 일반적으로 사용하던 방식이었지만, 근래에는 지역=국가라는 등식보다는 고유의 토속성을 바탕으로 역사와 문화에서 독특한 특징을 다양한 문화로 표현하고 있는, 보다 협소한 의미의 지방을 지역으로 이야기하는 것이 보편적이다. 그런 이유로 최근에는 글로칼리제이션glocalization이라는 개념으로 지방이나 지역이 세계화될 수 있다는 것을 보여주고 있다.

그런 측면에서 보자면 지방이나 지역의 세계화가 가장 먼저 시작된 곳이 이탈리아일 것이다. 지방색이라는 단어가 갖는 의미는 지역과 국가에 따라 다소 다르게 해석된다. 어떤 지역에서는 특정 지역 출신들이 갖는 성격이나 특징을 부정적으로 묘사하거나 정의하기도 하고, 또 어떤 지역에서는 긍정적인 측면에서 그 지방 고유의 향토성과 독특한 문화적 성격을 표현하기도 한다. 그런 이중적이고 역설적인 의미를 모두 포함하고 있는 국가가 바로 이탈리아일 듯하다.

그렇더라도 이탈리아라는 공간을 지역 혹은 지방이라는 의미로 다시 한 번 해석하고 재구성한다는 것은 그리 간단하지 않다. 역사적으로도 오랜 분열 속에서 독립을 유지하던 수많은 도시국가들과 공국 및 왕국들이 존재했으며, 문화적으로도 반도 안에 뿌리를 내린 주류문화가 적어도 10여개는 넘기 때문이다. 주류문화에서 갈라져 내려온 수많은 곁가지와 변방의 문화들까지 합한다면 대략 1백여 개의 서로 다른 문화들이 지역을 기반으로 지역성과 향토성을 대표하고 있기 때문에 이를 일률적으로 정형화하거나 통합하는 것은 쉽지 않다.

실제로 이탈리아의 문화, 혹은 이탈리아의 민속의상이나 무용을 딱 집어 이야기하기 어려운 것은 이런 문화적 배경에 기인한 것이다. 베네찌아, 로마, 피렌체, 밀라노, 볼로냐, 시칠리아의 의상과 민속일 뿐이지 이탈리아의 민속 혹은 의상으로 이야기하지 않는다. 이런 특징들은 언어에서도 그대로 드러난다. 주마다 존재하는 방언 말고도 이탈리아에는 인접 지역 간의 언어적 장벽을 통해 토속 언어라는 형태가 존재한다.

산 하나 사이를 놓고 사는 사람들의 말이 전혀 다른 경우도 있다는 사실을 그냥 흘려보내기 힘든 것도 그런 이유이다. 3면이 바다라는 반도적 지형뿐만 아니라, 반도를 남북 혹은 동서로 가로지르는 여러 산맥이 존재하는 지형적 조건은 오랜 역사 속에서 독자적인 생활과 풍습을 지켜오게 한 주요 요인이었다.

더구나 통일 왕국이 성립되지 못한 채의 오랜 분열과 분리의 역사는 주변 강대국으로 하여금 언제든지 이탈리아에 대한 영토적 야망과 세력 확장의 기회를 꿈꾸게 하였다. 고립과 자립이 용이한 지리적 요인과 외부로부터의 침략에 항상 시달림으로써 외국의 영향과 지배에서 자유로울 수 없었던 역사 현실은 이탈리아의 각 지방과 지역을 토착성과 종속성이라는 이율배반적 성격을 함께 갖게 하였다.

이탈리아의 지방색은 그렇게 형성된 것이다. 독자적이고 고유한 것처럼 보이기도 하면서 동시에 상당히 종속적이고 외부 지향적인 이중적 특징으로 표현되는 것은 생각보다 복잡한 이탈리아의 역사, 환경적인 상황에 기인한 것이다. 그런 이유 때문에 어느 지방에서는 독자적이고 향토적인 색깔이 강하게 나타나기도 하지만, 또 다른 지역에서는 외부 종속적인 성격과 특징이 훨씬 강하게 나타난다.

이탈리아의 20개 주를 기준으로 볼 때 독자성과 향토성이 좀 더 강한 곳은 사르데냐와 시칠리아 등의 도서지역과 피렌체, 나폴리, 깔라브리아 등 중남부 아래 거점도시 지역들, 동쪽 해안에 펼쳐져 있는 산악도시들이다. 이에 반해 주위 강대국들의 영향력이나 세력 하에서 발전되어 온 지역이나 도시들, 예를 들면 발레다오스따, 삐에몬떼, 뜨렌띠노 알또아디제, 프리울리 베네찌아 줄리아 주나 로마, 또리노, 밀라노, 뜨리에스떼 등의 도시들은 향토성과 함께 당대 주변 강대국의 영향력이 유입되어 그 문화와 문명의 색깔이 혼합 성장한 곳이다.

어떤 지역은 민족이 겹치면서 다양성과 토착성을 만들어왔고, 또 어떤 지역은 종교가 혹은 문화가 혼종되기도 하였다. 이탈리아의 역사가 오랜 기간 외부의 영향 아래 노출되어 있었던 경험과 실례들이 축적되어 현재와 같은 다양성과 독특한 문화가 외형적으로 표출될 수 있는 것이 그런 이유이다. 그렇다면 이렇게 형성되어 현재까지 지속되고 있는 이탈리아의 지방색을 어떻게 봐야 할까?

민족과 국가를 동일시해 왔던 우리 시각에서 보자면 그 지방색의 부정적 의미에 좀 더 방점을 찍을 것이고, 다양성과 특이함을 객관화하는 시각에서 보자면 그것 나름대로 존중할만한 가치가 충분하다고 생각할 것이다. 그런데 적어도 이탈리아를 감상하고 즐기는 방법에는 좋고 나쁨의 시각으로 접근하기보다는 나름대로의 문화적이고 역사적 배경을 이해하는 것이 최적이다. 이탈리아적이면서 그 지역 특유의 지방색을 통해 바라보고, 그것이 주는 즐거움을 누릴 수 있다면 이탈리아를 알고 즐길 수 있는 가장 적합하고 좋은 방법이다.

이탈리아는 어떤 경로를 통해 그런 문화적 다양성과 정체성을 만들어 왔을까? 일반적으로 이탈리아를 이야기할 때 가장 먼저 떠올리는 것은 유럽 문명의 기반을 제공한 나라라는 이미지다. 가톨릭의 본산이자 로마 문명과 르네상스라는 문화적 기반을 가진 나라로 유럽의 형성에 가장 큰 공헌을 하였지만, 내부적으로는 이탈리아 반도에 유입되었던 수많은 인종과 문화가 산악지대라는 지형적 특성 등과 어울리면서 다문화사회를 아주 초기부터 구성했던 곳이기도 하다.

인종으로도 라틴족을 비롯하여 에트루리아 민족, 이슬람과 아프리카의 다양한 종족, 게르만족과 노르만, 슬로베니아와 알바니아 계의 발칸 민족들까지 합한다면 가히 다민족 국가의 특징을 갖고 있다. 또한 가톨릭 국가로 알려져 있기는 하지만, 19세기 산업화 이후에는 북부를 중심으로 프로테스탄트 교회가 전파되기도 했으며, 서양에서 기복신앙과 미신을 가장 열렬히 숭배하는 그 국민성은 이탈리아를 완벽한 가톨릭 국가로 치기 어려운 측면도 있다.

게다가 서로마제국 멸망 이후 1861년 통일 이전까지 여러 강대국의 직·간접적 영향력 아래 놓여 있던 정치적 현실은 이탈리아 문화의 코스모폴리탄적 성격을 강화했고, 이는 이탈리아 문화에 대한 일관된 설명을 더더욱 어렵게 한다.

도시에 기반하고 있으면서도 주를 경계로 또 다시 분화되는 수많은 이탈리아의 모습은 우리가 익히 들어서 알고 있는 로마를 비롯한 밀라노, 피렌체, 베네찌아 등등의 도시들만으로 설명하기에는 어려운 점이 있다.

그렇다면 오늘의 시점에서 이탈리아의 그와 같은 역사성과 문화성이 어떤 방식으로 이탈리아 사회에 투영되어 나타나고 있는지, 또 도시를 중심으로 이야기하는 것이 지역을 중심으로 이야기하는 것과 어떤 차이가 있는지 돌아보고자 한다. 곧 외형의 모습으로 나타난 이탈리아를 그 내면에 숨겨져 있는 문화와 역사를 통해 다시 한 번 밖으로 끄집어냄으로써 기존 이탈리아의 모습과는 조금 다른 방식으로 이해해 보고자 한다.

여기서 한 가지 유념해야 할 것은 지방색을 편견이나 선입견으로 이해해서는 안 된다는 점이다. 또 이탈리아에서는 오랫동안 고착된 지방색이 현대로 내려오면서 특정 지역을 비하하고 업신여기는 기준과 선입견으로 작용하고 있다는 사실도 염두에 두어야 한다. 시칠리아나 나폴리 등 남부 지역에 대한 편견과 선입견은 오늘날까지도 해결되지 않고 있는 사회문제로 남아 있다.

그러나 무엇보다도 우리에겐 그들의 지방색이 더 좋은 볼거리와 더 맛있는 먹을거리로 남아 있다는 점이고, 우리가 이탈리아를 제대로 이해하지 못한다할지라도, 좋아하고 가보고 싶은 나라로 꼽는 것은 그들이 가진 오묘하고 독특한 지방색이라는 데에 있다는 것은 큰 이견이 없을 듯하다.

이제 본격적으로 이탈리아의 다양성과 토착성을 이야기해보자. 이 이야기는 이탈리아를 구성하는 20개 주를 중심으로 생활 속에서 느낄 수 있는 이야기들과, 이탈리아인들도 잘 모르는 그 내면의 모습을 다양한 소주제와 연결하여 풀어가고자 한다. 우리가 알고 있는 이탈리아보다 더 깊고 오묘한 그들의 세계를 향해 살며시 첫발을 디뎌보자.

ITALIA

천의 얼굴을 가진
이탈리아

ITALIA 천의 얼굴을 가진 이탈리아

Chapter 01

영원의 도시 로마,
이탈리아 사회문제의 용광로
라찌오

ROMA
&
LAZIO

로마, 유럽의 수도이자 세계인의 문화 도시 로마

Roma & Lazio

이제는 너무나 우리에게도 친숙한 도시가 되어버린 로마. 2천년이 넘게 정확하게 말하자면 2800여 년 세계 문화를 지배하고 있는 현재 속의 살아 있는 문화의 수도 로마. 지금은 이탈리아라는 30만 평방킬로미터가 조금 넘는 땅덩어리의 정치적 수도로 전락해버린 로마를 우리는 그 동안 TV와 뉴스를 통해 너무나 자주 들어왔다.

2천년이 넘는 고도, 매년 수천만 명의 관광객이 찾는 도시, 가톨릭의 본산 바티칸이 위치하고 있는 성지. 그저 이름만 들어도 가슴이 설레는 수많은 유적들을 통해 우리는 찬란한 수식어구의 세례를 받고 있는 로마를 듣고 보아왔다.

로마를 처음 보는 이들에게 콜로세움, 포로 로마노, 까라깔라의 목욕탕, 진실의 입과 같은 유적지는 로마 문명의 흔적을 더듬고 그 역사의 위대함을 느끼기에 충분하겠지만, 우리가 알고 있는 오늘날의 로마는 유감스럽게도 고대 로마의 흔적이 아닌 16세기 말부터 발흥한 이탈리아 바로크 시대의 로마라는 사실이다.

16세기 중반 종교전쟁이 끝난 유럽은 어느 때보다도 화해와 타협의 분위기가 넘쳐 있었고, 이탈리아의 교황들은 이를 세력 확대의 절대적 기회로 활용하였다. 또한 로마 교황청의 경쟁자라 할 수 있었던 스페인의 정통 가톨릭 세력으로부터 힘과 문화적 우위를 확립하려고 노력하고 있었다. 이러한 분위기 속에서 로마의 빠리네제 가문과 보르게제 가문 등 유력한 집안들이 중심이 되어 예술진흥을 위해 힘을 쏟았다.

이러한 로마와 이탈리아의 내부적 사정은 로마를 유럽의 중심지로서, 가톨릭의 본산으로서 자리 잡게 하려는 의도들과 맞물리면서 수많은 궁전과 별장, 광장과 예술품 및 성당들이 건축되거나 복원되었다. 이제 로마가 이전보다 훨씬 화려한 모습으로 재탄생한 것이다.

오늘날 우리가 보는 로마가 완벽하게 완성된 것은 바로 이 당시였다. 따라서 보다 즐겁게 로마를 보는 방법의 하나는 당시 바로크 문화의 흔적을 찾아보는 일이다. 수많은 궁전과 기념물, 그리고 박물관과 미술관 등이 당시의 화려한 바로크 예술을 그대로 보여주고 있으므로 이를 여행의 테마로 하는 것도 그리 나쁘지 않은 탐방일 것이다.

로마 이외에도 그 주변에 광범위하게 산재해 있는 로마 문명의 흔적들은 띠볼리Tivoli와 오스띠아Ostia 등에서 볼 수 있다. 또한 로마 시내 북서쪽에 위치한 바티칸 시는 전세계 가톨릭의 중심지이자 성지이며, 금전적 가치 환산이 어려운 수많은 예술품을 보유하고 있는 곳이다. 시스띠나Sistina 성당의 벽화들, 산 삐에뜨로San Pietro 성당은 그 자체가 하나의 거대한 예술품이기에 로마를 보는 또 다른 즐거움을 더해준다.

한번이라도 외국여행, 특히 유럽 여행을 다녀온 한국인들에게 물으면, 열이면 아홉은 로마를 갔다왔다고 답할 것이다. 또한 어느 누구라도 로마에 대해서는 입에 침을 튀길 정도로 열변을 토할 만큼 잘 알려진 도시이다. 콜로세움의 위용이라든지, 그 옆에 위치한 개선문의 당당함, 스페인 광장의 활기, 트레비 분수의 아름다움, 모든 길은 로마로 통한다는 그 아름다운 돌길들, 깜삐돌리오 궁전, 까따꼼바 동굴, 등등 열거하기 어려울 정도의 수많은 유적과 문화재들이 산재해 있다.

그러나 정작 로마가 어째서 중요하며, 현재의 로마는 과연 어떤 모습을 하고 있는지에 대해서는 그다지 관심이 없는 듯하다. 특히 외국여행 경험이 적은 한국인들에게는 어디서 사진을 찍었고, 어디의 풍경이 멋졌으며, 어디서 먹었던 음식이 맛있더라가 가장 대표적 여행 인상기인 점을 감안한다면, 그 이상의 깊이 있고 내실 있는 답변이나 인상은 어쩌면 무리일지도 모른다. 아니 좀 더 정확하고 실질적인 로마에 대한 대표적 인상은, 초창기의 로마를 다녀왔던 이들을 중심으로 거의 확정적으로, 그리고 광범위하게 퍼져 있는 것이 사실이다.

로마의 떼르미니Termini역 주변의 지저분함, 콜로세움의 수많은 고양이들과 비둘기, 각종 동물들의 분비물로 더럽혀져 있는 고색창연한(?) 유적들, 언제 어디에서나 쉽게 볼 수 있는 집시들, 그리고 유쾌하지 않은 좀도둑에 대한 기억들이 보다 정확한 로마에 대한 인상일 것이다. 그래서 로마를 둘러보며 항상 긴장했던 경험이 있는 이들에게 실제 로마의 모습이 어떠했는지는 그다지 오래 동안 기억에 남아 있지 않을 것이다.

그렇다면 로마는 과연 어떤 모습을 하고 있는 것일까? 위에서 언급했던 유적들의 모습도 로마의 일면이고, 또 그 기억하고 싶지 않은 불쾌한 경험들도 로마의 또 다른 일면이다. 비록 영원의 도시 로마라는 칭호와는 어울리지 않지만, 현대 이탈리아의 모든 사회문제를 안고 있는 도시 역시 로마라는 것을 의미한다. 그러면 이제부터 우리가 흔히 알고 있는 로마가 아닌, 그 이면에 감추어진 다소 불편하고 어색한 모습의 로마에 대해 이야기해 보자.

1년 내내 사람들로 북적이는 로마는 관광객들 때문이 아니라, 도시구조가 갖는 불편함으로 인해 한국의 대도시들에서 볼 수 있는 출퇴근 시간의 교통 혼잡도 흔하다. 물론 지하철이라는 근대문명의 운송수단이 도시를 가로지르고 있지만, 도시 전체가 유적인 관계로 무작정 땅을 파서 건설하는 우리네 지하철과는 다르다. 땅을 파다가 유적 비슷한 것이라도 발견되면 즉각 공사를 중단해야 할 뿐만 아니라, 그러한 염려 때문에 공사 계획을 수립하기도 어렵다는 현실은 우리에게는 어쩌면 어색함과 부러움의 양면성을 느끼게 한다.

300만 명이 넘고, 광역으로 보자면 거의 500만 인구에 근접하는 로마 시에 지하철 노선이—그나마 길지도 않은—A와 B선 단 2개밖에 존재하지 않는 것도 그런 이유이다. 그나마 자주 고장이 나고, 걸핏하면 공사를 하고 있어 멋모르고 탔다간 그야말로 개고생하기 일쑤다. 또 로마에서 지하철을 이용하려 할 때 명심해야 할 사항이 있다. 주위를 잘 살펴보면서 타야 하는데, 특히 만원 지하철에 무리하게 타거나 마지막에 떠밀려 탈 때에는 각별한 조심을 요한다. 마지막에 타는 젊은 사람이나 다소 의심스런 승객은 대부분 소매치기일 가능성이 높기 때문에, 불쾌하고 난감한 상황을 맞이하지 않으려면 각별한 주의가 필요하다. 그런 모습 역시 로마의 일면이라는 점에서 즐거운 여행을 망치지 않을 지혜로움이 필요하다.

세계 각지에서 관광객이 밀려들어오고, 가톨릭의 본산인 교황청이 있는 관계로 로마는 인종 전시장을 방불케 한다. 그렇다면 로마에 살고 있는 사람들은 모두 이탈리아인일까? 아니다. 로마와 주변에 살고 있는 500만 주민들 중에는 우리가 생각하지 못하는 만큼의 많은 외국인들이 있다. 혹자는 500만이나 되는 대도시에 다양한 인종이 사는 것이 그 무슨 큰일이냐고 할지 모르겠다. 그러나 문제는 단순히 인종이 다양하고 외국인이 많다는 의미에서 이야기하는 것은 아니다.

대한민국 수도인 서울에 각국 대사관이나 기업들에서 일하는 수많은 외국인을 생각하면, 이탈리아의 정치적 수도인 로마에 각양각색의 외국인이 산다는 일은 당연하다. 로마 역시 이탈리아의 수도이기에 한국대사관을 비롯한 많은 외국 공관들이 있다. 당연히 이들 공관에 파견 나와 있는 외국인들이 많을 것이고, 이들의 출신국도 5대양 6대주에 걸쳐 있다. 그런데 이와 같은 공적 체류 외국인들 이외에도 로마에는 너무나 많은 비공식적 체류 외국인들이 살고 있다.

여기서 '비공식적'이라는 단어를 사용하는 것은 이들 외국인들이 잠깐 머물거나 정식 절차를 거쳐 이탈리아에 입국한 이들이 아니라는 이유 때문이다. 관광객의 주머니를 뒤지는 집시들을 비롯하여, 아코디언을 켜며 구걸하는 이들, 경찰의 단속을 피해가며 길거리 행상을 하는 아프리카인들만이 이들 비공식적 체류 외국인에 속하는 것은 아니다.

그저 로마가 좋아 특별한 업무 없이 짧은 기간 로마에 체류하는 유럽과 미국 등에서 온 예술가들과 젊은이들, 길거리에서 땅을 파며 중노동을 하는 동유럽 노동자들과 중국인들, 건물 청소 등 허드렛일을 하는 알바니아 등 발칸반도 계열 아주머니들, 가정부나 보모로 일하는 필리핀계 여성들, 신호등마다 걸레를 들고 서 있는 북아프리카 출신 남자들, 이외에도 수없이 많은 분야에서 허드렛일을 하는 비유럽계 사람들이 있다. 이쯤에서 보면 굳이 나라와 지역을 들먹이면서까지 인종차별로 오해되는 이야기를 할 필요가 있을까 하는 이들도 있을 것이다.

군이 이런 이야기를 하는 것은 오늘의 이탈리아가 갖는 외국인 문제를 거론하기 위해서이다. 한국 또한 최근 동남아시아와 중국 동포 등 외국인 노동자 문제가 국가 차원에서 논란이 되고 있는 현실에 비추어 볼 때, 이탈리아의 외국인 문제는 우리에게 시사해 주는 점이 많다. 이탈리아는 3면이 바다로 둘러싸여 있는 지정학적 위치로 인해 북아프리카와 발칸반도, 그리고 지중해 연안 중동국가에서는 가장 가까운 유럽 선진국으로 인식되고 있다.

이러한 지정학적 위치는 다시 말해 저개발국이었고, 유럽의 식민지 경험이 있었던 나라들에서 유럽에 접근하기 가장 유리한 조건—불법적이든 합법적이든—이 될 수밖에 없다. 따라서 이들 외국인들이 이탈리아를 최적의 경유지나 목적지로 삼게 되고, 그 중에도 관광객이 1년 내내 북적이는 로마야말로 살기에 가장 적합한 곳임은 두말할 필요가 없을 것이다. 로마에 그처럼 다양한 인종이 뒤섞여 있는 것은 이와 같은 지정학적이고 사회적인 오랜 이유에 기인한 것이다.

그럼에도 불구하고 로마를 보는 또 다른 즐거움의 하나가 바로 그런 인종 전시장을 방불케 하는 수많은 인간들을 접할 수 있다는 점이다. 유럽의 왕족, 저명한 정치가들, 졸부들, 유명 영화배우 등 상류사회 인간들에서부터 하릴없이 떠도는 집시나 거지, 그리고 불법 체류자들까지 온갖 종류의 중생들을 만나볼 수 있는 곳이 로마이다. 서로 다른 계층의 인간들이 공생하고 있는 이곳을 보면서 로마는 그저 예술적인 아름다움만으로 이야기할 수 없으며, 또 다른 문화성을 갖는 도시라고 말할 수 있는 것이다.

중국식당, 일본식당, 베트남식당, 태국식당, 인도식당, 멕시코 등의 남미 계열 식당, 아프리카식당, 그리고 한국식당까지 세계의 모든 식당들이 자리 잡고 있을 만큼 다양한 먹을거리 문화가 공존하고 있는 도시도 로마이다. 이런 모습은 고대 지중해 세계의 중심지로서 로마가 가졌던 문화적 다양성과 혼합성이 오늘의 시점에서도 여전히 유효함을 보여주는 징표이다.

고대 로마 문명의 기반이 주변 도시국가들의 선진문명을 토대로 융성한 것이라는 역사적 사실이 새삼 떠오르는 것도 이런 이유에서일 것이다. 수천 년 세월의 깊이만큼 층층이 문화적 스펙트럼이 겹쳐지면서 고대와 중세, 근대, 그리고 현대의 흔적이 별다른 이질감 없이 자연스럽게 조화를 이루고 있는 점 역시 로마의 중요한 특징이다. 이와 같은 세계 보편성을 지향하고자 하는 전통은 역설적이게도 이탈리아라는 나라보다 어느 고장 출신인가가 더 중요하게 생각될 정도로 희박한 국가관을 통해 확인할 수 있는 것이 아닌가 하는 생각도 들게 한다.

흔히 '이탈리아'를 외치는 이탈리아 국민은 월드컵 때와 이탈리아 국민들이 좋아하는 스포츠에 자기네 국가대표팀이 등장할 때뿐이라고 이야기한다. 곧 일상에서는 자기 고장의 축구팀이 이탈리아 국가대표보다 중요하고, 지역의 정서가 이탈리아라는 국가성보다 우선인 것이 이탈리아의 독특한 특징의 하나이다. 여기에는 1920년대 이후 20여 년간 정치권력을 누렸던 파시즘의 아픈 기억도 자리하고 있다. 파시즘 시대는 거의 유일하게 이탈리아라는 '국가'를 먼저 내세웠던 역사적 아이러니가 자리하고 있다. 그래서인지 이탈리아인들은 이탈리아라는 국가를 먼저 내세우는데 다소 미안한 마음을 갖고 있다. 이는 독일의 나치즘 경험을 떠올리면 이해하기 쉽다. 어찌되었든 이탈리아에서 민족주의는 우리가 알고 있는 민족주의와는 많이 다른 의미를 갖는다는 점이 분명하다.

세계를 지향하는 보편성과 지역 중심의 특수성이 함께 아우러진 이탈리아에서 로마는 정치적으로 중요한 역할을 한다. 로마가 중요한 또 하나의 이유는 바로 그 정치적 역할과 상징성이다. 정치적 수도로서 로마는 대통령궁이 있고, 수상 관저가 있으며, 의회와 사법부가 자리하고 있을 뿐만 아니라, 교황청이 소재하고 있다.

이탈리아 최대 도시광역도시 개념에 따르면 인구 5백만 명이 거주라는 사실 외에도 로마 시장이 갖는 정치적인 무게감 역시 작지 않다. 정치적 수도라는 점 때문에 우파와 좌파 정당들 입장에서도 로마 시장이 누구이냐에 따라 정치권력과 집권 가능성을 가늠할 수 있기 때문이다. 한때 로마 시장이었던 루뗄리Rutelli나 발뜨로니Waltroni와 같은 이들이 집권당에서 제2인자 역할을 했고, 실제로 부수상 등의 요직을 역임했다는 사실 등은 단순히 로마가 수도이기 때문에 중요하다는 의미를 넘어서고 있다. 철저하리만큼 정치적인 사건이나 행사가 로마를 중심으로 일어나고 있다는 점 역시 로마의 정치적 의미가 갖는 중요성을 되돌아보게끔 한다.

매년 수천 만 명의 관광객이 북적대는 와중에도 수백 명의 정치가들과 국회의원들이 끊임없이 정치적 결과물을 생산하는 로마는 영원한 로마제국의 상징이었다. 그와 동시에 아직까지 해결하지 못한 지역문제와 청산하지 못한 부끄러운 역사의 중심에 서 있는 도시이기도 하다. 무솔리니의 외손녀가 정치 활동의 기반으로 삼고 있고, 현재까지도 신파시즘 운동의 본거지로서 현대 이탈리아의 모든 문제를 안고 있는 로마는 이 시간에도 새로운 색깔과 모습, 그리고 얽히고설킨 복잡한 사건들이 일어나고 있다.

로마가 안고 있는 사회문제 중에서 가장 먼저 거론될 수 있는 것은 외국인과 연계된 다문화 문제이다. 우리나라에서도 최근 관심도가 높아진 다문화주의의 핵심으로 자리하고 있는 것이 바로 외국인 문제라는 점을 생각한다면 쉽게 이해할 수 있다. 선진국이라고 해서 외국인 문제가 아무렇지도 않게 받아들여지거나 해결되는 것은 아니다. 인권 선진국이자 복지와 노동정책이 잘 정비되어 있다고 평가받는 유럽 역시 외국인 문제에 대해서만큼은 우려할만한 일들이 벌어지곤 한다. 최근 유럽에서 불고 있는 우경화 바람은 이와 같은 정치·사회적 변화에 따른 당연한 현상으로 설명되고 있다. 프랑스를 비롯하여 네덜란드, 독일, 이탈리아 역시 외국인 병을 심각하게 앓고 있으며, 이를 해결하기 위하여 좌우파를 막론하고 대안과 정책을 모색하고 있다.

이탈리아는 어떨까? 이탈리아의 외국인 문제는 다른 유럽 국가들에 비하여 좀 더 복잡한 측면이 있다. 여기에는 미국과 오랫동안 다져왔던 정치적 관계와 가톨릭과 같은 종교조직들까지 고려해야 하는 등 복잡하게 얽혀 있다. 한 가지 특이한 점은 이탈리아에서 외국인을 바라 보는 시선과 태도가 상당히 이율배반적이라는 사실이다. 사대주의 시각에서 외국인을 지나치게 높게 평가하기도 하지만, 외국인을 혐오하거나 무시하는 이중적인 태도를 갖고 있다는 뜻이다.

어떤 국민은 '외국님'이라 부르지만, 특정 지역 출신은 '외국놈'이라고 부르는 식이다. 우리나라 사람들은 국가 이미지가 그리 나쁘지 않다고 믿기 때문에 '외국님' 부류에 들어갈 것이라고 생각할지 모르겠다. 그러나 유감스럽게도 이탈리아에서 '외국님' 부류에 들어가는 나라는 그리 많지 않다. 가장 대우를 잘 받는 사람은 미국인들이다. 물론 개인적 취향이나 선호로 인해 태생적으로 미국을 싫어하는 이탈리아인들도 있지만, 적어도 공공기관이나 호텔, 식당 등의 서비스업 부문에서 미국과 미국인에 대한 태도는 다른 나라에 비해 우월하다. 미국 이외의 나라들로는 영국, 북구 국가들이 비교적 좋은 대접을 받는 편이고, 프랑스, 독일은 기대보다 다소 수준이 떨어진다고 볼 수 있다. 서양 이외의 나라로는 일본이 상당한 대우를 받는 편이다.

대우가 좋은 나라들의 공통점은 부국이거나 지리적으로 인접 국가들이다. 일본은 멀리 떨어진 국가이기는 하지만 문화·역사적 측면에서 유럽과 오랜 교류 경험을 갖고 있다는 점, 일본 문화와 상품이 유럽인들에게 매우 익숙하다는 점 때문에 지리적 거리감을 상쇄하고도 남는다. 결국 이탈리아인들이 '외국님'으로 평가하고 대우하는 기준은 유감스럽게도 돈, 국제정치상의 영향력과 같은 외형적으로 보이는 요소들이다.

실제로 이탈리아인들에게 미국은 꿈을 실현시킬 수 있는 나라로 비추어졌다. 넓은 집과 풍요롭고 여유 있는 생활을 펼치는 미국은 지상낙원이었으며, 좁고 가난한 이탈리아인들이 오래전부터 꿈과 희망을 찾아 떠났던 신세계의 이미지를 그대로 갖고 있다. 실제로 이탈리아의 가옥들은 그리 넓지도 않을 뿐만 아니라, 성공한 이민자들에 대한 이야기 배경이 주로 미국으로 그려졌던 사실 등으로부터 1970년대부터 '미드' 열풍과 풍요와 여유의 땅이라는 인식을 갖게 하였다.

이탈리아 남부 출신 미국 이민자들에 의해 내려오는 오래된 미국에서의 성공 신화는 미국을 성공의 땅, 희망의 땅으로 인식하게 하는데 부족함이 없었다. 현실과 동떨어진 이탈리아 국민들의 미국에 대한 인식과 상상은 미국인에 대한 인상을 맹목적으로 좋게 하는데 기여했다. 또한 미국은 제2차 세계대전에서 이탈리아의 해방군으로 그려진 은혜의 국가였다.

실제로 한국에서도 상영된 영화로 아카데미최우수외국영화상까지 받았던 〈인생은 아름다워La vita è bella〉의 마지막 장면에 등장하는 미국군 탱크는 그런 의미에서 이탈리아인들에게 미국에 대해 우호적이고 특별하게 받아들이는 것을 자연스럽게 만들었다. 더구나 이탈리아 문화보다는 출신 지역의 문화에 대한 자부심이 더 큰 이탈리아인들에게 미국은 새로운 신세계이자 화려한 문명의 모범 국가였다. 그래서 영어 한 두 마디에도 영어를 잘하는 사람으로 여기고 부러워하는 사람들이다. 영어로 말한다는 것 자체를 높이 평가하는 이탈리아인들이기에 미국인들에 대한 태도도 더욱 우호적이고 친근한 것이 일반적이다.

물론 여전히 많은 국민들이 미국 문화의 선정성이나 소비성을 좋아하지 않으며, 미국식 소비문화를 천박한 자본주의의 전형으로 평가하기도 한다. 그럼에도 불구하고 서비스 업계나 관광지에서의 미국인에 대한 태도와 대우는 우리나라에서 이야기하는 사대주의와 너무나 흡사한 그런 모습을 가지고 있다.

그러나 미국인과는 정반대의 대접을 받는 외국인들도 있다. 주로 중동과 아프리카, 그리고 아시아, 남미와 같은 비유럽 지역에서 온 저개발국 출신의 외국인들이다. 대개의 경우 일자리를 찾아 고향을 떠나 이탈리아로 온 사람들이다. 주로 3D 업종에서 일하거나, 아니면 허드렛일 등으로 하루하루를 살아가는 이들이다. 대부분 정식으로 노동비자를 받고 입국한 사람들이 아니라,

불법 체류자로서 좋은 일자리를 찾거나 장기 체류할 나라로 가기 위해 잠시 이탈리아에 머무르는 사람들이다., 그렇다보니 이탈리아인들 입장에서 보면 범죄자 집단이나 뭔가를 께름직한 사람들로 여기는 것도 당연할지 모른다.

실제로 많은 이들이 소매치기나 구걸 등으로 삶을 영위하고 있다는 점에서 이탈리아인들이 꼭 틀렸다고 볼 수만은 없다. 그러나 대부분의 외국인들은 정직하고 착하게 살려고 노력하고 있지만, 이들을 바라보는 이탈리아인들의 시선은 싸늘하고 경멸에 가득하다고 보는 편이 맞을 것이다. 이탈리아인들은 자신들보다 처지가 못한 이들은 일단 무시하는 경향이 있다. 이들 외국인들 역시 이에서 크게 벗어나지 않기 때문에 대부분 이탈리아인들의 무시와 멸시 속에서 상처를 받는다.

아시아 출신들 역시 이탈리아에서 그리 우호적이거나 호감을 보이는 축은 아니다. 일본을 제외하고는 그다지 좋은 대접을 못 받고 있다. 실제로 필자가 이탈리아에 체류한 7년의 유학 기간 동안 가장 많이 들었던 말 중의 하나가 "당신 어디 식당에서 일하느냐?" 였다. 독자들에게 너무나 생경한 이 말에 대해 무슨 뜻인지조차 의아해 하겠지만, 이게 무슨 뜻인지 의아해 하겠지만, 나를 한국 사람이나 일본 사람이라고는 전혀 생각하지도 못하고 도심 여기저기의 중국식당에서 일하는 중국인 정도로 예단했다는 것이다. 허드렛일이나 하는 중국인으로 판단하는 것이 이탈리아인들 입장에서는 편하기 때문이다.

천 의 얼 굴 을 가 진 이 탈 리 아

이야기가 이어져 필자가 연구하러 유학 왔고, 이탈리아인들도 쉽지 않은 최고 학위과정에 다닌다고 이야기하면 다들 의아해하거나 놀라는 표정이 역력하다. 아시아인들은 일본 빼고 주로 식당이나 거리에서 허드렛일을 하는 것으로 치부해버리는 이탈리아인들에게 한국인이 유학 와서 공부한다는 사실 자체가 무척 놀라운 일인 것이다.

물론 일부 유학생들의 경우 이런 경험을 하지 않았을 테니 다소 억울한(?) 측면도 있겠지만, 전후사정을 모르는 이탈리아 사람들에게 비춰진 한국 사람들의 일반적 선입견이라는 점을 생각한다면 이해할 수 있는 상황일 것이다.

한국인에 대한 대접이 그 정도니, 다른 아시아 국가들과 이슬람 국가들은 굳이 언급할 필요도 없다. 그렇다고 모든 이탈리아인들이 외국인들을 '외국님'과 '외국놈'으로 대하는 것은 아니다. 대개는 인권 선진국답게 외국인이라 할지라도 인간에 대한 예의와 존중의 원칙을 어느 정도 지키고 있다. 병원이나 보호소, 그리고 사회적 약자를 보호하는데 제도적으로 잘 되어 있다. 아픈 외국인들이나 집 없는 이들까지도 무료로 진료를 받고 허기와 비를 피할 수 있게 하는 나라이다. 이 문제는 다시 거론하겠지만, 여기에는 여러 복잡한 문제가 구조적으로 얽혀 있기도 하다.

어쨌든 이탈리아인들이 외국인을 바라보는 시각과 대우는 너무나 차이가 날뿐만 아니라, 일반적으로 돈 많고 힘 있는 국가 국민에게는 관대하다고 볼 수 있다. 더 심하면 아부하는 듯한 사대주의적 태도를 가지기도 하며, 아시아, 아프리카 혹은 중동 등의 못살고 힘없는 국가의 국민들은 깔보고 무시하는 이중적 태도를 지니고 있다. 이러한 이탈리아인들의 인식과 이중적 태도는 한편으로 편향된 시각과, 다른 한편에서는 외국인 혐오를 넘어 하나의 정치운동과 정당으로 승화시켜 이탈리아 사회를 이중구조 속으로 몰아가고 있다.

이탈리아의 우경화와 극우세력의 등장은 좀 더 거슬러 올라가야 하겠지만, 21세기 이후 이탈리아의 극우화와 현재의 정치상황은 작금의 이탈리아 정치의 우경화 현상을 충분하게 설명한다. 특히 2001년 5월 이탈리아 총선 이후 베를루스꼬니를 중심으로 한 우파 연정이 집권하면서 유럽의 주요 국가들까지 우경화 바람이 몰아쳤다. 우파 정권으로 넘어간 것은 프랑스와 독일과 같은 주요 국가들만이 아니라, 전통적으로 좌파 연정이 지배했던 그리스와 포르투갈, 스웨덴과 같은 북구 나라들까지 우경화가 거세게 몰아쳤다.

최근 유럽에서 불고 있는 우경화 바람은 외국인 노동자 문제, 불안한 치안 문제, 지속적인 실업문제 등이 복합적으로 작용하여 나타난 현상이라는 것이 전문가들의 견해이다.

이탈리아 우경화의 가장 큰 쟁점은 현 이탈리아 집권연정 안에 굳건히 2인자와 3인자의 자리를 지키고 있는 국민연합Aleanza Nazionale : 한때 베를루스꼬니의 정당과 합당했지만 2010년을 기점으로 갈라지

가톨릭의 심장 바티칸의 웅장한 전경

기 시작하여 2011년 2월에 창당한 새로운 당[이탈리아를 위한 미래와 자유의 정당 : Futuro e Libertá per l'Italia]을 만들어 활동하고 있다과 북부동맹Lega Nord이다.

이들은 이탈리아의 나치즘과 파시즘을 각각 대표할 만큼 극우적이라는 것이 일반적 평가이다. 당연히 이들의 지지기반은 극우적이고 인종적 편견을 갖는 중산 시민과 인종주의자들이다. 이들은 이탈리아 내부의 사회문제들, 이를테면 실업과 사회복지 등의 정책에서 외국인들에게 지나치게 인간적이라는 사실에 오래 전부터 불만을 가지고 있었다. 오랫동안 이 문제는 수권 정당이 좌파 정당이냐 우파 정당이냐에 따라 논쟁적이었는데, 일반적으로 좌파 계열 정부에서 불법 체류 외국인이나 밀입국자에게 비교적 관대하였다는 사실에 분노하였던 계층이다.

바로 이러한 사회적 분위기는 극우 정당들이 이탈리아 정치 무대에서 여전히 한 구석을 차지할 수 있었던 원동력이 되었던 것이다. 또한 당연히 이와 같은 배경에는 베를루스꼬니가 집권하는 동안 정권 차원에서 추진했던 노동법 개정이나 교육법 개정 및 복지정책의 축소 등과 같은 신자유주의적 정책 추진이라는 정치적 배경과 무관하지 않음은 두말할 필요가 없을 것이다.

그러나 필자가 보기에 더욱 중요한 점은 이들 극우파의 발흥과 외국인 노동자 문제에 대한 해당 국가의 일반 국민들이 보여주고 있는 다양한 반응이다. 어떤 사람들은 그런 외국인들을 기피의 대상으로 삼아 집을 임대해주거나 일자리를 제공하려는 생각조차 하지 않는다. 또 어떤 이들은 외국인이라는 지위와 신분을 교묘히 이용하여 노동력을 착취하거나 갖은 명목으로 인권을 농락하고 있다. 그에 반해 그들이 인간다운 생활을 할 수 있도록 도와주고 정착할 수 있는 길을 함께 찾아보는 등의 공동체적 노력을 하고 있는 부류도 있다.

이런 모습은 어느 나라에서도 비슷한 양상을 띠고 있을 것이다. 그런데 필자가 보기에 가장 중요한 것은 외국인에 대한 평가나 대우의 기준이 명확해야 한다는 점이다. 단순히 인정이나 증오심만으로 외국인을 대하는 것보다 국가와 사회 안에서 공통적으로 지키고 보존해야 할 공명정대한 원칙과 기준이 필요하다고 믿는다. 이탈리아는 그런 측면에서는 어느 정도 보편타당하고 긍정적인 일반 기준을 가지고 있는 나라이다. 비록 많은 문제점들이 여전히 해결되고 있지 않음에도 이탈리아를 바라보는 외국인들의 태도나 생각이 여전히 긍정적이라는 사실은, 우리 입장에서 보자면 가슴깊이 새겨들어야 할 필요가 있다.

해결이 쉽지 않은 이탈리아의 외국인 문제에 비하여, 이탈리아 내부적 측면에서 여전히 논란이 되고 있는 것의 하나가 가톨릭을 중심으로 하는 종교문제이다. 이탈리아가 가톨릭의 본산이자 가톨릭 국가로 인식되고 있다는 사실은 이탈리아 반도의 오랜 역사성에 기인한다.

"이탈리아인들은 일생에 적어도 세 번은 성당에 간다." 언뜻 듣기에 이 말이 주는 의미는 상당히 종교성이 깔린 것처럼 들린다. 그러나 90% 이상이 가톨릭 신도라고 주장하는 이탈리아에서 그 정도의 의미로 가톨릭을 신성시하기에는 뭔가 모자란듯하다. 속된 말로 2% 부족한 가톨릭의 종교성인 것이다.

적어도 헌법상으로 가톨릭의 종교적 지위를 보장하고 있는 이탈리아에서 이 말은 다분히 역설적이다. 태어나서 세례를 받을 때, 성인이 되어 결혼을 할 때, 인생을 마감하고 마지막으로 거치는 장소로서 성당을 이해하는 이탈리아인들에게 가톨릭의 권위와 의미는 각별해 보인다. 인생의 가장 중요한 순간에는 항상 종교와 함께 있는 것 같지만, 그 외의 일상에서는 언제 그랬냐는 듯 종교 활동을 포기하는 이탈리아인들. 오히려 종교와 정반대로 세속적 이익에 종교적 양심마저 포기하길 원하는 이탈리아인들이다. 공인된 가톨릭 국가임에도 이혼과 낙태를 찬성하는 국민들이 60%가 넘고, 사제의 직이 가문의 영광을 이어가거나 혹은 직업적 측면에서 안정된 직업의 일부로 평가하는 사람들도 있다. 더구나 사제들의 각종 추문과 파문으로 국민들에게 국민종교로서 큰 신망을 받지 못하는 점 등도 가톨릭에 대한 중요성과 성스러움을 반감시킨다.

그러다 보니 가톨릭은 종교로서의 기능보다는 생활윤리와 하나의 문화로서 더 중요한 역할을 하고 있다. 더구나 이탈리아 인들은 미신을 좋아하기 때문에 기적이나 세속적 믿음에 대한 사물, 장소 등을 가톨릭에 연결시키기도 한다. 역사적으로 얽히고설킨 가톨릭과 이탈리아 국민과의 관계를 고려한다면 더욱 둘의 문제가 간단치 않음을 알 수 있다.

476년 서로마제국 멸망 이후 1861년 다시 통일왕국이 되기까지 이탈리아를 1400여년 가까이 분열시켰던 가장 커다란 세력이 바로 가톨릭이라는 사실을 알면 더욱 간단치 않은 것이다. 정신적으로 이탈리아를 지배했지만, 영토적으로 이탈리아에 통일왕국이 들어서는 걸 막았던 가톨릭의 이중성은 이탈리아 가톨릭에 대한 이해를 더욱 어렵게 한다.

사람들은 로마라는 도시를 로마제국의 수도로서, 유럽 문화의 기반으로 인식한다. 로마는 두 개의 현존 권력이 공존하는 세계 유일의 도시이기도 하다. 하나는 정치적 수도로서 현대 이탈리아의 정치권력을 의미하며, 다른 하나는 서양문화의 기반이자 세계 최대 종교인 가톨릭의 본산이자 상징성을 가진 종교권력이다. 이탈리아의 다양성과 복잡성을 가중시키기도 하는 이러한 이중성은 이탈리아에서의 가톨릭과 세계 속의 가톨릭에 대한 이중적 지위와 의미를 부여하는 원인이 되기도 한다.

지역적으로도 가족과 혈연 등을 중시하는 남부로 갈수록 보다 가톨릭에 친화적이고, 공업지대나 북부지역은 무신론자나 개신교도들이 적지 않다. 이 점도 가톨릭의 위상과 중요성을 가늠하는데 혼동을 초래하는 요인이다. 시칠리아를 비롯한 도서 지역이나 로마 이남의 남부에서는 신부를 배출한 가정을 부러워하였고, 실제로 사제들이 지역의 유지로서 오랫동안 책임 있는 역할을 수행하였다. 이렇게 역사적으로 중첩된 사회세력으로서, 또 정치권력으로서 가톨릭은 이탈리아 사회를 움직이는 주체이자 기반이다.

정신적으로 이탈리아인들의 지주임에 틀림없는 가톨릭은 현대 이탈리아의 출발 시기에서도 상당한 영향을 미쳤다. 1945년 이탈리아에서 제2차 세계대전이 끝나갈 무렵, 기존의 정당을 대신하는 보수주의 종교 정당이 출범하게 되는데, 바로 기독교민주당이다. 이탈리아 기독교민주당이하 기민당은 그 성격에 있어 다른 유럽의 기민당과 비슷하지만, 내용적으로는 다소 차이가 있다.

이탈리아 기민당은 파시즘에 협력했던 가톨릭 세력과 파시스트 잔당들이 결합하여 미국의 적극적인 지원 아래 결성된 정당으로, 기득권 세력의 정치권력을 유지하는데 크게 기여했다. 다시 말해 청산의 대상이었던 파시즘 세력과, 그 파시즘에 동조했던 가톨릭 세력이 미국과의 지속적인 연결 고리를 마련했다는 점에서 가톨릭의 정치·사회적 영향력은 여전히 크다고 볼 수 있다. 더구나 이탈리아 가톨릭은 전통적으로 사회 자선사업의 주요 주체였기 때문에 국민들이 갖는 호감도가 비교적 크다는 사실 역시 가톨릭의 여전한 영향력을 가늠할 수 있다.

그럼에도 불구하고 이탈리아 국민들이 가톨릭 신자인가에 대해서는 여전히 의문이 남는다. 분명히 세례를 받았음에도 10% 내외만 정기적으로 미사에 참여하거나 종교 활동을 한다는 통계는 쉽게 찾아 볼 수 있다. 신자이지만 교회는 가지 않아도 되고, 교회의 교리를 모두 믿지 않으며, 혼전 순결에도 너그러우면서, 금욕적인 삶보다는 자유분방하고 풍요로운 세속적 삶에 더 관심을 갖는 사람들인 것이다. 결국 종교보다는 문화로서, 아니 사회적 기준과 규범의 의미 정도의 역할과 기능을 하는 이탈리아 가톨릭을 지나치게 종교적 관점에서 해석하는 것에 무리가 있을 수 있는 것은 그런 이유 때문이다.

주 5일제가 전반적으로 시행되고 있는 이탈리아의 노동시간과 주기 역시 이러한 느슨하고 문화적인 가톨릭에 대한 태도와 시각에 영향을 미쳤다. 주말이면 길로 쏟아져 나오는 이탈리아인들의 끝없는 휴가행렬은 종교나 교회에서 자신의 영혼을 치유하고 위로받기 보다는 뜨거운 태양과 아름다운 풍광 속에서 휴식과 위로를 받으려는 이탈리아인들의 삶의 방식은 종교생활의 틀까지 바꾸어 놓았다.

이에 대해 바티칸의 입장은 두 가지로 나타난다. 더 이상 이탈리아 국민들을 신자로서 구원과 종교 활동의 대상으로 삼기 위해 노력하기보다는 외국, 특히 1989년 이후 사회주의 국가가 해체되면서 자본주의 체제로 전환된 동구 국가의 국민들을 포교의 대상으로 삼고자 한다. 더 나아가 유럽을 넘어서 신흥국가들을 교세 확장의 대상으로 삼으면서 이탈리아 내부에 국한시키지 않고 보다 공격적인 포교활동을 전략으로 삼고 있는 것이다. 교황 요한 바오로 2세가 재임 기간 많은 해외활동과 순방 횟수를 기록한 것은 다 그러한 이유가 있는 것이다.

교황 요한 바오로 2세의 후계자 선출 역시 그러한 맥락에서 이해할 수 있는 것이며, 이탈리아 가톨릭이 갖는 특징을 더 이상 이탈리아 내부의 문제나 이탈리아와 연관시킬 필요가 없는 것도 그러한 분석에 기인한다고 할 수 있다. 어쩌면 지금과 같이 이탈리아인들이 가톨릭의 틀에서 벗어나 프로테스탄트나 불교와 같은 동양 종교에 관심을 갖는 것이 이탈리아를 위해서는 더 나은 현상일 수도 있다.

그렇다면 이탈리아에서 가톨릭과 교황청은 무슨 의미일까? 이 이야기를 시작하기 전에 가톨릭의 역사와 이탈리아 반도에서의 가톨릭의 정치사회적 의미를 되새겨 보아야 할 것 같다. 가톨릭이 처음부터 이탈리아와 유럽 문화의 정체성 기반이었던 것은 아니다. 가톨릭은 오랫동안 로마제국의 박해와 탄압 속에 지하 동굴에서 비밀집회와 미사를 집행했던 많은 비합법종교의 하나였을 뿐이다.

갖은 탄압 속에서도 가톨릭이 생명력을 가질 수 있었던 것은 그들의 지향점이 현세의 구복이나 행운을 바라기보다는 미래의 구원과 영생에 대한 바람을 담고 있었기 때문이었다. 특히 이 점은 당대 로마의 사치와 타락을 목전에서 경험하였던 많은 이들에게 상당히 매력적이고 중요한 요인이었으므로 탄압의 주체였던 지도층의 많은 이들도 가톨릭에 자신의 영혼을 맡길 수 있었다.

로마제국이 몰락해 가던 시점에서 가톨릭이 종교로서 공인된 것은 합법적이고 공식적인 인정이라는 측면 이외에도 많은 신도를 거느린 가톨릭을 더 이상 까따꼼바라는 지하 동굴에 방치할 수 없었던 사정도 있었다. 제국의 멸망으로 내일이 두려운 로마 시민들에게 희망과 기대를 줄 수 있는 특단의 조치였던 것이다. 더구나 단순히 종교로서 인정한다는 수준을 넘어 국교로 공인한 것은 종교사회, 나아가 가톨릭을 통해 무너져가는 로마제국을 부여잡으려는 정치적 판단도 크게 작용했다.

이러한 정치적 의도는 콘스탄티누스 대제부터 테시도우스 황제까지의 통치 기간에 실현되었고, 실제로 제국을 분할하면서까지 동로마 제국에 새로운 가톨릭 세계를 건설하는 모험을 감행하였다. 비록 이러한 노력에 힘입어 쇠망해가는 로마 저편에서 어느 정도 로마를 일으켜 세우기도 했지만, 그것은 로마 밖의 일이었을 뿐이었다.

그러나 가톨릭은 여전히 세속적인 권력에 귀속되었으며, 테시도우스 황제 사후에 두 아들에게 나누어준 로마가 동·서 로마로 분할되었고, 이중 서로마 제국이 먼저 멸망하였다. 특히 서로마 제국의 멸망은 당시의 사회적 혼란과 제국 안으로 깊숙이 침투해있던 게르만 용병들로 인해 앞당겨졌을 뿐이었다. 서로마 제국의 멸망은 역설적이게도 가톨릭이 세속 권력인 황제로부터 독립할 수 있는 기회를 갖게 되었다. 서로마 제국을 멸망시킨 게르만족은 로마제국의 화려하고 우수한 문화를 유지, 재창조할 수 있을만한 역량이 없었기 때문에 권력을 장악했어도 문화적 헤게모니는 가톨릭과 그 사제들에게 돌아갔다.

서유럽의 시작은 또 다시 이탈리아 반도를 중심으로 중세 봉건제도라는 새로운 정치·경제 질서와, 교회와 수도원 중심의 문화 권력이 공존하는 이중적 사회질서를 띠게 되었다. 종교 권력으로 시작하였던 로마 가톨릭이 문화 권력으로서 오랫동안 이탈리아 반도를 지배하면서 서서히 이탈리아 문화의 중심으로 자리 잡게 되었다. 중세 봉건질서에서 교회와 가톨릭의 역할과 기능은 그렇게 이탈리아 사회질서의 핵심적 원칙이자 윤리가 되었다. 또한 포도, 올리브 농사와 같은 농경기술, 라틴어를 중심으로 하는 제례와 미사 등을 통한 장엄한 교회문화 등을 확산시키는 계기이기도 했다.

중세가 암흑기라는 것은 정치권력을 가진 이들을 중심으로 볼 때 그들의 무지와 자급자족의 장원경제라는 면을 강조한 것이지, 가톨릭을 중심으로 본다면 정말로 암흑의 시대라고 할 수 있을지 고민스럽다. 어쩌면 인류 역사상 한 번도 존재하지 않았을지도 모르는 고도의 종교 시대라고 할 수 있기 때문이다. 어쨌든 로마제국과는 다른 가톨릭의 세계가 중세문화의 핵심적 요소로 자리 잡으면서 이탈리아의 문화적 지평도 반도에 국한된 것이 아닌 세계적이고 전 지구적인 차원으로 확장되었다.

오늘날 이탈리아 문화의 중요한 특징의 하나인 세계지향주의는 그렇게 가톨릭의 문화적 지향성을 통해 시작되었다. 중세의 종교와 문화를 지배하던 가톨릭은 더 나아가 정치권력을 획득하고자 했고, 그런 의도를 실현시킨 것이 바로 십자군 전쟁이었다. 끊임없이 서유럽을 노리고 있던 이슬람 세력의 침략을 저지하고, 나아가 가톨릭의 성지인 예루살렘을 회복하기 위한 명분을 내걸고 이슬람과의 전쟁을 선포한 주체가 바로 교황과 교황청이었다. 곧 십자군 전쟁은 가톨릭이라는 종교를 통해 세계를 지배하고자 하는 교황의 야심 등이 아우러진 결과였다. 그러나 십자군 전쟁의 결말은 교황이나 교황청이 원하던 방향과는 전혀 다른 쪽으로 나고 말았다.

실제 십자군 전쟁은 군사적·종교적으로 그리 성공적인 전쟁이 아니었다. 오히려 십자군 전쟁을 통해 십자군을 실어 나르고 동방의 항구에 정박하면서 그들의 발달된 문물을 싣고 돌아왔던 이탈리아 중심의 해상무역의 또 다른 개화기였다. 제노바, 베네찌아, 피사와 같은 해상 도시국가의 수송선을 통해 동방의 문물이 반도로 유입되고, 유럽 각지에서 교황의 부름으로 전쟁에 참여했던 군주들과 왕들의 권력이 강화되었다. 다시 말해 교황이 원했던 상황과는 전혀 다른 방향에서 그 결과물들이 나타났다. 그 결과는 오히려 중세의 정체되어 있던 가톨릭의 편협하고 종교적인 문화가 동방으로부터 대량 유입된 많은 산물들과 천문, 과학기술 등으로 보다 세속적이고 실용적인 문명과 문화로 발전하게 된 것이다.

물론 십자군 원정 이전에도 동방의 문물이 산발적으로 소개되고 수입되기도 했지만 그것은 소량이었고, 극히 소수의 사람들에게만 국한된 사치스러운 문물이었을 뿐이었다. 십자군 원정은 그러한 문물의 대량 유입과 유통 및 소비라는 구조 속에서 이탈리아 반도와 북유럽의 여러 곳을 활기차고 개방된 자유무역으로 이끌었고, 이러한 상업적 부의 등장과 축적은 중세를 마감하고 새로운 유럽을 이끌 수 있는 원동력이 되었다.

지중해를 배경으로 다시금 이탈리아 반도가 활력과 경제적 패권을 구가할 수 있었던 것은 다른 지역보다 개방적이고 상업자본의 축적이 가능한 꼬뮨이라고 하는 중세 자치도시와, 그 상업적 이익을 통해 새로운 계급으로 발돋움한 부르주아 덕분이었다. 부르주아는 프랑스어로 산업자본가로 알려져 있지만, 원래는 중세 자치도시 안에서 상업과 교역을 담당했던 사람들을 집합적으로 부르던 '성 안에 사는 사람들'이라는 뜻인 보르게제borghese의 프랑스식 발음이라 할 수 있다. 부르주아의 등장은 유럽의 정치·경제·사회·문화 측면에서 많은 변화와 전환점을 가져왔다.

먼저 정치적으로는 부르주아의 등장으로 군주나 왕의 정치권력이 강화될 수 있는 기반이 마련되었다. 부르주아라는 제3신분은 경제적 부를 통해 귀족들의 1인자에 불과한 왕과 결합하여 왕권을 신장하고 근대국가를 성립할 수 있는 경제적 기반을 조성함으로써 계약에 의해 정치권력이 분배되었던 중세의 정치질서를 바꾸어 놓았다.

경제적으로는 부르주아에 의해 축적된 상업적 부가 근대의 은행업을 통한 금융업의 시작을 알리고, 다시 산업적 부로 전환될 수 있는 토대를 마련해 주었다.

사회적으로는 지배와 피지배 계급이라는 이원적 신분사회를 경제적 기반과 부를 기반으로 형성된 제3신분이 등장하면서 정치권력의 유무 이외에 경제력이나 부를 통해 계급을 구분하는 다층화 된 사회를 구성하였다.

문화적으로도 상당히 중요한 변화를 부르주아가 주도하였다. 특히 이들이 축적한 상업적 부를 통해 형성되고 발전된 르네상스는 경건하고 접근할 수 없었던 신을 '나'와 '우리' 같은 동일한 인간의 모습으로 변신시킴으로써 새로운 인간 중심의 문화를 꽃피우는데 기여하였다.

부르주아의 등장은 가난한 성당과 교황에게도 많은 경제적 공헌을 하였다. 축적된 부를 통해 영혼과 영생을 구하고자 했던 부르주아와 가톨릭은 서로의 공생과 상생을 위해 쉽게 의기투합할 수 있었다. 이로 인해 오늘날 우리가 많이 보게 되는 가톨릭 관련 이탈리아의 르네상스 유적과 유물들이 탄생할 수 있었다. 르네상스라는 새로운 문화적 기반이 탄생했지만, 그 근저에는 여전히 가톨릭이라는 종교적 그늘이 드리워져 있었고, 이는 유감스럽게도 이탈리아가 르네상스의 보고임에도 불구하고 다른 유럽과는 달리 절대왕정과 근대국가의 형성이 이루어지지 않은 지역으로 전락하는 결과를 초래했다.

다시 말해 교황이나 교황청은 이탈리아에 강력한 절대왕정 국가가 탄생하는 것을 바람직하게 여기지 않았다. 실제로 이들 가톨릭 세력은 이탈리아를 통일시킬 의지나 역량은 없었지만, 적어도 이탈리아를 분열과 갈등으로 갈라놓을 수 있을 만한 외교적 수사와 노력은 충분하였다. 그렇게 하여 이탈리아는 476년 서로마 제국이 멸망한 이래 서구에서 가장 늦게 근대 통일국가가 탄생하게 되는 불행한 역사의 궤적을 갖게 되었다.

이탈리아의 역사 속에서 이러한 가톨릭의 폐해를 지적한 사람들은 많다. 우리가 잘 알고 있는 마키아벨리가 대표적 인물이었다. 그는 자신이 꿈꾸었던 '통일 이탈리아'를 분열과 합종연횡의 소국으로 분열시킨 세력으로 가톨릭을 지목하였고, 이를 극복하기 위해 정치학적인 관점에서 쓴 책이 바로 『군주론』이었다. 새로운 '통일 이탈리아'를 위해 필요한 군주의 교활하고 악랄하기까지 한 정치적 덕목을 설명하고 있는 책이 『군주론』이다.

결국 이탈리아가 1861년까지 분열된 역사 속에서 유럽의 여러 강대국들의 세력 각축장이 되었던 것은 가톨릭의 역할이 컸다. 가톨릭이 이탈리아 반도에 세속 권력을 갖춘 강력한 왕권을 기반으로 하는 통일왕국을 반기지 않았기 때문에, 1861년 삐에몬떼 왕국이 중심이 되어 달성한 이탈리아 통일도 반기지 않았다. 이러한 우려는 1870년 보불전쟁 이후에 현실화되었다. 프랑스로부터 로마를 얻어낸 이탈리아 왕국이 오랫동안 가톨릭의 본산임을 자처하고 있던 로마를 유배지처럼 취급함으로써 이탈리아 반도에 두 개의 권력이 공존하는 것을 금지하였다.

그러나 가톨릭이 로마의 고립된 섬으로부터 탈출하게 된 것은 역설적이게도 이탈리아 왕국을 지배하던 자유주의 정부의 취약성이 드러난 뒤 새로이 정치권력을 장악한 파시즘 시기였다. 제1차 세계대전에 연합국의 일원으로 참여한 승전국이었음에도 상처뿐인 영광만 안고 있던 이탈리아가 폭발 직전의 국민 불만을 잠재우고 새로운 절대 권력으로 무솔리니의 파시즘 정권을 인정한 것은 당시의 복잡한 정치상황에 기인한다. 1922년 권좌에 오른 뒤 독재체제를 완성한 무솔리니는 정권의 정통성을 만천하에 과시할 필요가 있었고, 가톨릭은 더할 나위 없이 좋은 대상이었다.

그리하여 무솔리니와 교황청은 지원과 정치권력의 인정이라는 상호 협력 의사를 담은 협정을 체결하게 되었다. 오랫동안 유배지 생활을 하였던 가톨릭 입장에서 무솔리니 정권에 대한 지지는 다시금 세속 권력에 대한 영향력 확대의 절호의 기회였

　　　　　천 의 얼굴을 가진 이탈리아

다. 이렇게 하여 맺어진 것이 '라테란 협정'이었고, 1929년 공식적으로 조인되었다. 이를 계기로 가톨릭은 파시즘 정권 하에서 이탈리아 국민들에게 세속적 영향력을 펼칠 수 있는 계기를 마련하였다.

무솔리니가 교황과 손을 잡고 웃는 모습의 사진은 파시즘 정권의 대외적 정당성뿐만 아니라 국민들에게도 많은 영향을 끼쳐, 가톨릭과 교황청이 인정하고 협력하는 정치권력이라는 정통성을 확보할 수 있었다. 둘 사이의 밀월관계는 제2차 세계대전이 종결될 때까지 지속되었고, 무솔리니 덕에 가톨릭은 다시 한 번 국민들에 대한 세속적 영향력을 확보할 수 있었다. 종전이 되면서 파시즘 체제는 막을 내렸지만, 가톨릭은 전범도 아니었고, 파시즘 체제의 협력자로 처벌받지도 않았다.

전쟁이 끝난 뒤 서유럽의 여러 국가에서 좌파 정당들이 약진하고, 영국에서는 노동당이 집권하자 미국은 이탈리아에도 사회당이나 공산당 정권이 들어설 수 있다는 우려를 하게 되었다. 이러한 우려는 가톨릭 세력과 파시즘 잔당들을 모아 기독교민주당을 창당할 수 있도록 조력하는 계기가 되었고, 가톨릭이 중심이 된 기민당이 정치권력을 획득할 수 있도록 협조하였다.

결국 미국의 도움과 사회당과 공산당이 분열하는 등의 원인이 복합적으로 작용하면서 기민당은 1948년 다수당이 되어 초대 정부를 구성하였다. 이에 따라 가톨릭은 거의 국교와 같은 대접을 받으면서 화려하게 부활했고, 여전히 국민들에게 막강한 영향력을 행사할 수 있었다.

가톨릭은 이렇게 이탈리아 사회에 상당한 영향력을 행사하였으며, 기민당은 지금은 해산되었지만, 마니뿔리테^{Mani Pulite :} 깨끗한 손 사건이 발생하기 전까지는 집권당으로서 50년 가까이 이탈리아 정치를 지배했다. 이 시기 국영 방송 라이 우노^{Rai 1}는 교황의 동정 보도와 바티칸의 미사를 일요일 정오에 중계하였다. 말 그대로 가톨릭 국가라는 인식을 심어주었던 것이다. 미사에 꾸준히 참석하는 인구는 그렇게 많지 않았음에도 가톨릭의 교리나 말씀은 생활의 윤리이자 삶의 신조가 되어 이탈리아 국민 개개인의 마음속 깊은 곳에 자리하고 있는 것이다.

2천년 가까이 막대한 영향력을 끼쳐온 가톨릭이 21세기 이후 이탈리아에서 어떤 모습으로 활동하고 발전할지 흥미롭게 지켜볼 일이다.

라찌오 지역이 로마만을 의미한다거나, 절대적으로 이탈리아의 모든 것을 대변할 수 있는 곳은 아니다. 로마제국의 모습을 잘 알기 위해서는 주변의 크고 작은 도시들의 화려한 문명의 흔적들을 찾아보는 것이 더 유익하다고도 할 수 있다.

어떤 도시는 로마 귀족의 궁전으로, 혹은 로마 황제의 별장으로 그 화려한 흔적을 유감없이 자랑하고 있다. 흔히 '자빠져 먹고 노는' 귀족의 유형을 전형적으로 볼 수 있는 공간으로서 로마 귀족의 별장들이 주변에 산재해 있다. 이러한 다양성과 화려

천의 얼굴을 가진 이탈리아

함은 로마보다는 오히려 주변 도시들에 더 있을지도 모른다.

실제로 '라찌오'의 어원이 '라띠니'Latini : 라틴족에서 왔을 만큼 이탈리아의 라틴족들이 처음으로 문명을 이루고 살았던 곳이 라찌오이다. 오랜 역사적 배경만큼이나 자연환경도 오래되었다. 지금은 휴화산이 된 산들, 화산재가 흘러내려 만든 호수들이 즐비해 이 지방의 지형적 특색을 이루고 있다. 로마제국과 함께 했던 역사적 배경으로 주변에 로마시대 유물과 유적이 산재해 있고, 16~17세기에는 교황과 추기경들이 별장으로 사용하기 위해 라찌오 주변에 많은 아름다운 건축물을 세웠다.

이탈리아에서 생새우 요리를 맛볼 수 있는 오스디아 안띠까Ostia Antica를 비롯해 우리나라 경주 고분들과 비슷한 에트루리아식 고분들이 남아 있는 체르베떼리Cerveteri, 에트루리아 문명과 고대 로마 문명의 흔적이 고스란히 남아 있는 비떼르보Viterbo, 로마시대 별장으로 유명한 빌라 아드리아나Villa Adriana가 있는 띠볼리Tivoli, 산 베네데또 수도원이 위용을 자랑하고 있는 몬떼까시노Montecassino 등이 꼭 둘러볼 만한 도시이다. 고대와 현대가 공존하고 있는 이 지역이야말로 이탈리아의 진면목을 볼 수 있는 곳이다.

ITALIA
천 의 얼 굴 을 가 진 이 탈 리 아

Chapter 02

베를루스꼬니 왕국
밀라노,
호수 천국 롬바르디아

MILANO
&
LOMBARDIA

이졸라 벨라(Isola Bella)의 전경

Milano & Lombardia

화려함의 도시 밀라노. 1년 내내 의상 쇼와 패션 관련 전시회가 열리는 도시. 유럽과 머주, 그리고 아시아의 거의 모든 나라들에서 온 이들이 쇼핑을 즐기는 곳. 밀라노는 그렇다. 이탈리아 상업과 금융의 수도 밀라노를 사람들은 이렇게 표현한다. 세계 패션의 중심지로 화려함과 부의 상징으로 표현되는 밀라노가 오늘의 모습을 갖게 된 것은 그리 오래지 않다. 초기 도시의 모습을 갖출 때만 하더라도 이탈리아에서 가장 열악한 환경에서 태어난 습한 평지에 불과했던 곳이었다. 그러나 도시가 성립되고 난 뒤에 교통의 요지라는 점과 상업적 기능을 갖추게 되면서 점차 중요성이 증대하였던 중세 도시였다.

현대 이탈리아 역사에서 밀라노가 갖는 중요성은 상당히 크다. 리소르지멘또Risorgimento라는 이탈리아 통일운동의 진원지로, 신흥 이탈리아를 경제적으로 도약할 수 있게 이끌었던 중심지로, 그리고 현대 이탈리아 역사에서 가장 비극적이었던 파시즘의 탄생지이자 종착지였던 도시가 여기다. 오늘날의 화려함이면에 감추어진 불행의 역사가 함께 쉼 쉬는 곳이 바로 밀라노인 것이다.

밀라노에 대해 이야기하는 이들은 누구나 두오모Duomo : 보통 대성당이라고 번역되지만 그 뜻은 영어의 Dome을 의미한다를 먼저 거론한다. 아름다운 외관과 웅장함, 600년이라는 건축기간 등을 거론하면서 그 아름다움에 찬사를 보내곤 한다. 그러나 외형적인 아름다움에 비해 구조적인 측면에서는 논란의 여지가 많은 성당으로 평가받는다. 대개 주변 공간과 잘 조화된 건축구조를 갖는 다른 도시들의 두오모에 비해 밀라노 두오모는 앞 광장과 그다지 잘 어울리지 않는다. 오히려 너무 단조롭다. 600년이라는 세월의 향기가 두오모와 광장을 아름답게 보이도록 할뿐이다.

오랜 건축기간에도 불구하고 두오모가 오늘날의 모습을 갖춘 것은 그리 오래 되지 않았다. 전全 유럽이 나폴레옹의 지배 아래 있던 시절, 나폴레옹이 밀라노에 입성하여 미완성의 두오모를 보고 완공을 명함으로써 오늘날 우리가 보고 있는 두오모의 위용이 완성되었다. 웅장함과 화려함의 이면에 이웃 나라의 문화적 개입이라는 역사적 진실이 자리하고 있는 것이다.

밀라노는 이탈리아 도시 중에서 문화적으로 가장 척박한 곳의 하나이다. 물론 스깔라Scala 극장과 레오나르도 다빈치의 〈최후의 만찬〉이라는 귀중한 문화유산을 가지고 있지만, 대도시 특유의 상업성과 복잡함, 그리고 빈약함이 함께 공존하는 곳이기 때문이다. 밀라노의 10분의 1 수준인 베르가모

Bergamo라는 인접의 작은 도시와 이탈리아 제2 도시라 할 수 있는 밀라노가 같은 수의 도서관을 갖고 있다고 한다면 누가 믿겠는가?

어느 시인의 말처럼 밀라노는 그저 일상을 내뿜고, 고통과 매연만을 배출할 뿐이다. 이탈리아에서 가장 크고 복잡한 지하철 3개 노선좀 더 정확하게 이야기하자면 M5 노선이 반만 완성된 상태이니 2개 노선과 1/2 노선 하나인 셈이다은 공히 음산하고 지저분하다. 지하의 습함을 피해 지상으로 올라오면 상업성만 보이는 크고 화려한 각양각색의 매장들이 길거리를 따라 즐비하게 늘어서서 목적지 없이 바쁘게 지나치는 사람들을 반기고 있을 뿐이다.

이탈리아에서 가장 유럽적인 도시가 바로 밀라노라는 사실은 이러한 대도시적 분위기를 충분히 설명하고 있는 것이리라. 도심 곳곳을 차지하고 있는 맥도널드 햄버거 간판은 18세기 바로크 풍의 도시 건물들과 어울리지 않을 것 같은 느낌을 준다. 이탈리아에서 가장 유럽적이라는 의미는 가장 이탈리아적이지 않다는 말과 동의어이며, 이는 바로 현대성과 상업성, 그리고 인스턴트의 의미를 갖는 도시라고 이야기할 수 있는 것이다.

밀라노가 유명한 또 다른 이유는, 바로 여기에 2003년 유럽 챔피언스 컵과 오랫동안 이탈리아 세리에 아Serie A를 정복했던 밀란Milan과 그 라이벌 인터Inter라는 프로 축구팀이 있기 때문일 것이다. 이외에도 수많은 프로 팀들이 있는 스포츠의 중심지이다. 프로 세계의 기준인 돈과 관련된 프로 스포츠의 메카에 지나지 않는 이곳은 경기의 승패와 그에 따른 도박이 따르는 승률 문화와 정치적 이해관계만이 존재할 뿐, 우리가 흔히 이야기하는 진정한 '스포츠'는 없는 도시이다. 미로와 같은 도시를 따라 움직이는 수많은 자동차들과 함께 얽히고설킨 금융과 경제의 중심지 밀라노에서 문화를 즐기기보다는 쇼핑과 눈요기꺼리를 찾는 편이 훨씬 쉬운 이유가 바로 여기에 있다.

그래서인지 밀라노에는 돈과 관련된 역사가 많다. 우리에게도 잘 알려진 디 삐에뜨로Di Pietro 검사가 주축이 되어 부패한 정치자금 추방을 위한 운동 '깨끗한 손Mani pulite'을 이끌었던 일군의 검사들이 있었던 곳도 밀라노이다. 이탈리아 최고이자 세계의 부자인 전 총리 베를루스꼬니가 자신의 경제 활동지로 삼고 있는 곳 역시 밀라노이다. 베를루스꼬니의 부패혐의가 불궈져 나오고 있는 곳도 이곳이고, 세계 3위를 자랑하는 지하경제 규모를 갖고 있는 이탈리아 검은 돈의 수도 역시 밀라노라고 할 수 있다.

그런데 그러한 경제적 취약점은 이탈리아 정치의 독특한 구조와 특징에서 연유한다. 경제 수도 밀라노를 중심으로 부패하고 무능의 전형인 정치권의 연횡합종이 빈번이 일어나는 독특한 정치 사회구조를 갖고 있는 나라가 이탈리아이다. 여기에 대해서는 좀 더 자세한 설명이 필요할 듯하다.

우리나라 국민들이 가장 싫어하는 직업군의 하나가 정치인일 것이다. 이탈리아 국민들도 행정체계를 담당하고 있는 공무원들만큼이나 비효율적이고 권위적인 직업군의 하나로 부패하고 무능한 정치가와 정당들을 평가한다. 그런데 아이러니하게도 이탈리아인들은 정치가는 무척 싫어하지만, 권력을 쫓고 획득하기 위한 욕심은 타의 추종을 불허한다.

그렇게 혐오하는 정치가이지만, 자기들도 정치가들만큼 권력과 지위를 얻고 싶어 한다는 아이러니는 다른 유럽 국가들에서는 보기 힘든 이율배반성일 것이다. 이런 이유에는 다른 유럽 국가들에 비해 정치적 민주화 과정이 비교적 짧은 편이고, 프랑스 등 몇몇 나라들과 같은 정치 개혁이나 아래로부터의 혁명 경험이 별로 없으면서, 동시에 권위주의 체제를 직접 경험했던 역사적 배경에서 찾아야 할 것이다.

권위주의 체제의 역사적 경험은 파시즘이다. 파시즘의 도래와 권위주의적 사회질서는 이탈리아를 오랫동안 권력과 사회적 지위에 의해 주도되는 분위기로 이끌었고, 정치가들은 그러한 사회질서의 정점을 차지하고 있는 계층이었다. 그러나 이탈리아 정당정치의 후진성과 무용론 문제가 더욱 중요한 의미를 갖는 것은 이탈리아가 내각책임제라고 불리는 의회중심제 국가이기 때문일 것이다.

1947년 국민투표에 의해 공화정 정치제도가 결정되었지만, 제2차 세계대전 종전의 주체였던 반파시즘 운동 세력들—공산당, 사회당 등 사회주의 계열의 정당과 노동조합 및 반파시즘 저항세력—이 정권을 획득하는 데는 실패하였다. 오히려 미국의 협력과 지원을 통해 결성된 기민당PDC이 승리하였다. 그러나 기민당은 과반수 득표를 하지 못하여 연정에 참여할 파트너를 구해야 했고, 이후 이탈리아는 불완전한 정당제Bipartismo imperfetto 혹은 양극다당제Pluralismo centripetto라는 정당체제를 유지할 수밖에 없었다.

이와 같은 정당체제는 유력한 정치 지도자들이 자신들의 지역적 근거지를 볼모로 삼아 정치 생명을 연장하는 수단으로 전락하였다. 정치적 후견인주의와 지역문제의 접목은 남부에 기반을 둔 기민당 지도자들의 강력한 지지기반으로 변형되었다. 이는 1950년대부터 80년대까지 기민당 주도 하의 정권에서 표방하던 주요 정책 방향으로 표출되었다. 이는 다시 '남부문제'라는 지역 이슈가 북부에 근거한 새로운 지역문제로 발전되기도 하였다. 흔히 '북부문제'라는 이름으로 북부의 동과 서를 가르는 지리적 대립구조로 발전한 북부의 지역 문제는 분리주의를 표방하는 정당Lega Nord : 북부동맹을 통해 고착화 되었다.

지역문제가 정치 환경을 결정하는 요소로 중요 기능을 수행하면서 이탈리아 정치상황의 복잡성은 갈수록 심해졌다. 이탈리아의 경우 시민사회나 시민단체가 주요 정치세력으로 성장하지 못한 사실은 사회의 다양한 이해관계를 국가 정책으로 반영하지 못하는 방향으로 나아갔다. 오히려 다양한 색채의 노조들이 활발하게 움직이면서 이를 정당구조 속에 반영시키는 양극다당제의 전통이 유지됨으로써 이탈리아 사회 구조에서 바람직한 정치문화의 확립을 어렵게 하였던 결정적 요인이었다.

서구 현대정치 현장에서 공산당의 세력이 가장 강력한 국가가 이탈리아이다. 그러나 정당으로서 공산당의 존재와 역할은 그 세력에 전혀 비례하지 못하고 있는 것 또한 사실이다. 제2차 세계대전 후 미국이 그토록 긴장하였던 것도 공산당PCI 정권의 수립 가능성이었다. 이후에도 역사적으로 주요한 시기마다 기민당의 대안세력으로 존재하던 공산당은 이탈리아 자유민주주의를 위협하는 최대 세력으로, 보수주의와 반공주의를 기반으로 하는 기민당 정권 유지의 적대자이자 공헌자였다는 사실은 역사적 아이러니이다.

그럼에도 불구하고 공산당 역시 남부문제를 정략적으로 이용한 측면이 있었고, 정치자금의 부패에서 자유롭지 못하였다. 공산당은 1989년 베를린 장벽 해체사건 이후 이데올로기적 정체성을 상실하면서 오랜 폐해인 후견인주의와 파벌성을 극복하지도 못하는 후진적 행태를 지속하고 있다. 다시 말해 50여 년간 야당 입장이었던 좌익민주당PDS : 이탈리아 공산당의 후신은 수권 정당으로서의 역량강화나 확장에 대하여 수동적 입장을 견지하는데 그쳤다는 의미이다.

이러한 원인으로 가장 많이 거론되고 있는 것이 변형주의Trasformismo에 의한 정당의 끊임없는 변화와 변형이었다. 파시즘 잔당과 가톨릭 세력을 모아 창당한 기민당DC이나 파시스트당의 후신인 MSI이탈리아사회주의운동당 역시 그러한 연장선에서 볼 수 있다. 이러한 정치현상에 대해 그람시 같은 이는 리소르지멘토 시기에 이미 존재하였던 정치 행태의 하나로 파악하였다. 그람시는 민중적 대표성을 가진 마찌니가 카부르에게 지배되어 이끌리게 된 것을 빗대어 이야기한 것이다. 그람시는 변형주의를 남부 사회구조 분석에 이용하고자 했다. 특히 변형주의와 후견인주의를 이탈리아 정치상황과, 동시에 이를 기반으로 하는 시민사회의 가장 중요한 특징으로 보았다.

결국 정당관료정치를 가능하게 하였던 변형주의를 통해 한 정당을 중심으로 하는 연정에 의한 장기집권이 가능하였다. 이는 동일한 정당이 그 외형과 세력 확장이라는 방식을 통해 정당 우위의 구조를 지속할 수 있는 동인이 되었다. 그러나 이들 정당과 정치인들의 후진성 및 부패 문제는 1992년 불거진 '마니뿔리떼'에 의해 온 천하에 발가벗겨지고 말았다. 많은 정치가들, 특히 당대 유력한 정치가들과 총리 등 고위직을 역임했던 크락시Craxi, 안드레오띠Andreotti와 같은 이들의 정치자금 수뢰연루 의혹은 이탈리아 정치판을 완전히 뒤흔들었다.

우여곡절 끝에 선출된 새로운 대통령 스깔파로Scalfaro는 이 사건에 연루된 유력 정치인 크락시나 안드레오띠의 희망과는 달리 마니뿔리떼 수사에 대해 중립적 입장을 취하였다. 그리고 한 발 더 나아가 이를 수사하고 있던 밀라노 검사 팀에 대한 지지를 표명함으로써 사태를 보다 진전시키는 역할을 하였다. 정치자금 수뢰사건에 대한 검찰의 수사에 대해 시민들과 시민단체들은 지지집회를 연일 개최하였다. 또 언론과의 공조체제 구축 역시 마니뽈리떼 운동의 지속성을 유지하는 커다란 힘이었다. 새로운 대통령의 정치적 중립 입장 표명은 마니뽈리떼 수사에 대한 정당성과 보다 철저한 수사의 필요성을 강화시켜 주었다.

정치가뿐만 아니라 경제인들, 지방 행정가들까지 이탈리아 전역이 불법정치자금 수뢰사건에 휘말리게 되었다. 꼰핀두스뜨리아Confindustria : 우리나라의 전경련 비슷한 단체를 비롯하여 재계와 여야 할 것 없이 많은 정치가들이 연루되었던 사건이 마니뽈리떼이다. 이 사건의 파장은 너무나 컸으며, 이탈리아 사회의 부조리와 부패의 구조적 측면이 갖는 부정적 모습을 세계에 알렸던 상징적 사건이었다.

이 부정부패 척결운동으로 재판에 회부된 사람은 3,200여 명에 달했다. 현직 국회의원의 3분의 1이 재판에 회부될 정도여서 국민들에게는 정치 개혁과 새로운 정부에 대한 기대를 열망하게 하였다. 결국 이 사건으로 50년 집권의 기민당과 사회당 등 주요 정당들은 몰락하였고, 전문 행정 관료가 수반이 된 과도정부가 구성되었다.

이탈리아 전역을 뒤흔든 이 사건은 경제적·사회적으로도 적지 않은 파장을 몰고 왔다. 직접적인 영향으로는 이탈리아 전역에 만연하고 있던 부패 시스템이 정당과 정치가들에 집중되어 제도적 개선의 필요성이 만천하에 드러났으며, 아울러 이에 대한 전면적 개혁의 필요성이 대두되면서 정치세력 교체와 정치개혁이 절체절명의 국가적 과제가 되었다. 두 번째, 간접적으로 이탈리아 사회 전반에 대한 점검과 함께, 근본적으로 새로운 이탈리아를 위한 사회개혁이라는 국가목표의 설정이 필연적일 수밖에 없게 되었다.

가장 먼저 가시적인 결과를 보인 부문은 선거제도와 기존 지배세력의 퇴진이었다. 이는 새로운 정치와 제도가 필요했음을 의미했고, 이를 가시화한 것이 바로 선거제도의 전면적 개편이었다. 기민당이 해체되고 사회당이 수세적 국면에 몰리면서 모든 정당들은 새로운 선거제도에 합의하게 되었다. 이렇게 하여 기존의 정당명부식 비례대표제 100%를 주축으로 하던 선거법이 개정되었다. 1993년 국민투표에 의해 확정된 선거제도의 핵심은 소선거구에서는 다수대표 원칙으로 의원을 선출하고 75%, 기존 비례대표제를 바꾸어 새로운 비례대표제 25%로 전환하는 것이었다.

기존의 100% 비례대표제에서 단순다수 대표제로의 변화는 여당이었던 기민당의 장기집권을 마감하고, 새로운 정치세력의 등장을 용이하게 하였으며, 언제든지 야당에 의한 정권교체 가능성을 마련한 획기적 변화였다. 정당명부제에 의한 비례대표제는 정치적 후견인주의와 명망가들에 의한 연정이 가능하게 하였던 제도였지만, 다수대표제는 후보의 당락을 지역구민이 던진 표의 다수에 따라 결정할 수 있었다. 이는 후견인주의를 어느 정도 무력화시키면서 전국적인 인물보다는 지역의 참신하고 새로운 인물이 등장할 수 있는 가능성을 높인 선거제도였다. 따라서 오랜 집권으로 부패했던 기민당이 몰락할 수 있는 제도적 기반이 완성되었고, 새로운 정치세력의 대두와 함께 야당의 집권 가능성이 그 어느 때보다 높았다.

선거법 개정의 정치적 의미는 역사학자와 언론학자들이 1993년 개정선거법을 전후하여 제1공화국과 제2공화국의 시대구분을 할 정도였다. 1948년 제헌헌법을 통해 공화국이 수립된 이후 한 시대를 마감하고 새로운 시대를 의미하는 '제2공화국'이 들어서게 되었던 것이다. 먼저 수립된 정부는 과도정부의 성격을 갖는 아마또 내각이었고, 이어 새로운 선거법에 의해 집권하게 된 이는 신흥 이탈리아 자본가를 대표하는 베를루스꼬니였다.

어째서 베를루스꼬니였는가에 대하여는 여러 의견이 있다. 그러나 한 가지 중요한 사실은 당시 기득 정치세력들이 자신들의 정치적 영향력과 세력을 유지하기 위한 최선의 선택으로 베를루스꼬니를 내세웠고, 1992년 불어 닥친 유럽의 재정위기 타개를 위해서도 성공한 사업가 출신이었던 그가 적임자처럼 보였던 것이다. 다시 말해 베를루스꼬니야말로 짧은 기간에 성공한 기업가였고, 당시 마니뿔리떼의 직접적 타격을 받은 정치가도 아니었기 때문이었다.

이렇듯 비록 적자는 아니지만 양자 격인 베를루스꼬니를 기존 정치세력들이 내세웠고, 베를루스꼬니 역시 자신의 필요성에 의해 정치계에 전면에 나설 수밖에 없었다. 곧 베를루스꼬니 자신이 기존 정치세력과 연계되었을 뿐만 아니라 마니뿔리떼의 화살이 직접 그와 그의 소유 기업들을 겨냥하면서 보다 적극적으로 방어할 필요성을 느꼈던 것이다. 이렇게 양측의 이해가 맞아떨어지면서 베를루스꼬니가 성공적으로 등장하였다.

마니뿔리떼 수사에 의해 새롭게 조성된 정치 환경으로 기존 정당들이 몰락하였고 새로운 정당이 등장하였다. 그리고 다시 베를루스꼬니를 정점으로 한 정치세력의 교체는 역설적이게도 여전히 진행되고 있던 마니뿔리떼(이하 마니로 약칭함) 수사에 커다란 방해물이 되었다. 이러한 우려는 현실로 드러났다. 정치 지형의 변화 속에서도 여러 정치가들과 경제인들을 구속, 재판에 회부하던 마니 수사팀은 1994년 베를루스꼬니의 등장 이후 곳곳에서 암초에 부딪히게 되었다.

정권을 잡은 베를루스꼬니는 자신과 측근들을 겨냥한 마니 수사를 피하기 위해 여러 방책들을 사용하였고, 총리라는 고위직은 여러 면에서 악용했다. 검사와 판사들을 매수하는 일에서부터 부패 정치자금으로 사용된 기업자금을 감추기 위한 분식회계를 자행하고, 자신이 소유하고 있던 기업들을 가족과 측근들을 이용하여 교묘하게 분산하였다.

그러나 디 뻬에뜨로 검사를 비롯한 밀라노 검사단은 이에 굴하지 않고 자신들의 의지대로 수사를 진행시켰다. 굳건한 의지와 타협을 모르는 수사 팀은 여러 가시적인 성과들을 토대로 베를루스꼬니 소유 기업들까지 수사 대상으로 삼았고, 그의 측근인 꾸자니Cusani, 쁘레비띠Previti와 베를루스꼬니 동생들의 혐의 사실을 밝혀내는 등 상당한 성과를 거두었다.

상황이 이렇게 벌어지자 베를루스꼬니는 직접 밀라노 검사단을 매수하고 회유하려는 공작을 시도하였다. 실제로 1994년 베를루스꼬니 정부가 출범할 당시의 선거전에 다비고d'Davigo 검사와 디 삐에뜨로 검사를 포르짜 이탈리아Forza Italia당의 국회의원 후보로 입후보시키려고 회유했다. 심지어 가장 엄격한 검사였던 디 삐에뜨로에게는 베를루스꼬니가 직접 내무부 장관직을 타협안으로 제시하기도 했다.

그래도 여의치 않자 1995년에는 디 삐에뜨로를 기소하는 사태가 벌어졌다. 디 삐에뜨로의 반대편에 있던 검사들이 디 삐에뜨로를 직권남용과 뇌물수수 등의 혐의를 적용하여 기소하였다. 이 사건은 베를루스꼬니와 가까운 검사들이 벌인 일이었다. 디 삐에뜨로는 1995년 한 해 동안 무려 54번이나 조사를 받았고, 베를루스꼬니는 자신이 운영하는 방송을 통해 여론을 호도, 밀라노 검사단의 도덕성에 치명타를 가하였다.

마니 수사는 큰 위

디 삐에뜨로 검사

기를 맞았으며, 결국 디 삐에뜨로가 법복을 벗고 현실정치에 뛰어들게 만드는데 성공하였다. 이후 마니 수사는 새로운 차원에서 전개되었다.

그렇게 하여 지금까지도 완결되지 않은 채 마니 사건이 진행 중이며, 그 중심에 그때 그 인물인 베를루스꼬니와 그의 정당이 서 있는 것이다. 이탈리아의 정당과 정치인들의 후진성은 우리나라를 능가한다. 부패한 사회와 비효율적인 국가행정, 그리고 인정받지 못하는 정치 부문은 여러모로 보아 우리나라가 오히려 나아 보인다. 이탈리아의 정치 시스템은 위기와 수렁에 빠져 있다.

그럼에도 그들이 추구하는 사회적 이념과 민주주의적 가치는 여전히 다양한 제도와 정책 속에 녹아들어 있으며, "정치와 행정은 엉망이지만, 그래도 이탈리아는 굴러 간다"라는 표현이 자연스러운 유럽 국가이다. 이 역설적이고 아이러니한 상황을 이해하는 것이 쉽지는 않겠지만, 복지와 노동, 그리고 사회의 다양한 분야에서의 인권의 존중 등은 다른 유럽 국가와 비교해도 전혀 뒤떨어지지 않는 독특한 사회구조를 가졌다는 사실이 때로는 당혹스럽게 하는 것이다.

여기서 잠깐, 이탈리아 아줌마들의 영원한 우상 베를루스꼬니에 대해 좀 더 알아볼 필요가 있다. 베를루스꼬니는 이탈리아의 경제 성장기였던 60년대에 사업을 시작한 청년실업가로, 처음에는 조그마한 건설회사의 잘생기고 재주 많은 사주였다. 이

천 의 얼 굴 을 가 진 이 탈 리 아

후 밀라노 주변에 대규모 주택단지를 지으면서 세상의 주목을 받기 시작했고, 이를 바탕으로 금융과 방송, 프로축구 사업으로까지 영역을 확대하여 이탈리아에서는 보기 드문 재벌 그룹을 이룩한 신흥자본가를 대표하는 인물이었다.

그가 마니 사건 이후 새로운 정치적 대안으로 떠오르면서 집권하게 된 커다란 이유는 국민들이었다. 당시 국민들은 기민당뿐만 아니라 연정 파트너였던 사회당 국회의원은 물론이고 야당이던 공산당 의원들까지 — 비록 수는 적었다할지라도 — 부패한 정치자금의 부패사슬에서 벗어나지 못하고 있는 점에 충격을 받았다. 따라서 새로운 대안세력의 등장을 원하고 있었는데, 그때 바로 베를루스꼬니야말로 성공한 사업가로서 국민의 시선을 사로잡을만한 인물이었던 것이다.

그러나 그가 성공한 기업가로 성장하게 된 배경에는 사업적 수완 못지않은 정치적 유착이 있었다. 그는 1969년 이후 유력 정치인들과 관계를 맺으면서 전형적인 정경유착 기업가가 되었으며, 특히 크락시가 총리였던 시절 그와의 후견인 관계를 통하여 눈부신 성장을 하면서 이탈리아 경제계의 기린아로 주목받으며 오늘에 이르렀다. 그가 소유하고 있는 주요 기업으로는 에딜노르드Edilnord, 건설, 이딸깐띠에리Italcantieri, 조선, 임모빌리아레 산 마르띠노Immobiliare San Martino, 부동산 및 투자, 핀인베스뜨Fininvest, 방송 및 금융 등이 있다.

베를루스꼬니의 정치 입문은 그의 사업가적 수완과 연예인과 같은 기질을 유감없이 보여준다. 베를루스꼬니는 자기의 정당 이름을 국민들이 열광하는 축구와 연결시켰다. '포르짜 이탈리아Forza Italia'라는 정당명은 이탈리아 국가대표 축구팀을 응원하는 구호와 같다. 한국어로 번역하면 '화이팅 대한민국'이라는 뜻이다. 또 자신의 정치 입문을 축구선수들이 '그라운드에 들어선다'라는 이탈리아어 표현을 원용했다. 이탈리아 원어로 쓰자면, 'Io sciendo nel campo나는 그라운드에 들어선다' 정도.

이렇듯 그는 정치가로서의 성공을 위해 기업가적 마인드와 마케팅 기법을 철저하게 이용했다. 자본의 위력을 유감없이 보여주면서 창당한 정당이 4개월 남짓의 선거운동을 하고 승리할 수 있었던 것은 바로 베를루스꼬니의 이런 행태들이 큰 몫을 차지했다고 평가받는다.

이렇게 하여 그는 새로운 선거법 하에서 자본의 위력을 등에 업고 1994년 잠시 총리에 오르기도 했다. 그러나 연금정책의 실책과 정경유착의 정치적 부담이 부메랑으로 돌아와, 불신임 투표에서 캐스팅 보드를 쥐고 있던 북부동맹의 반대, 그리고 당시 일정 부분 부패혐의가 있었다는 사실이 복합적으로 얽히면서 총리직에서 물러났다.

그러나 짧은 정치 경험은 오히려 새로운 비상과 더 높은 곳을 향한 시작에 불과했다. 최고의 권력에서 물러난 뒤에도 정치적 재기를 준비했고, 오랜 준비 끝에 2001년 총선에서 다시 자신의 정당을 이끌고 승리하여 권좌에 올랐다. 부패 정치자금 관행들을 성공적으로 처결하였던 이탈리아에서 다시 자본의 위력을 뽐내며 등장한 신흥 자본가를 대표하는 베를루스꼬니에게 정권을 다시 내준 사건은 우리 입장에서도 많은 것을 시사해준다. 베를루스꼬니가 다시 정권을 잡을 수 있었던 원인은 다음과 같다.

첫째는 부정부패의 일소를 제도화했지만 이를 지속적으로 뒷받침할 수 있었던 의식적이고 개혁적인 정책과 시스템을 갖추지 못하였으며, 둘째는 이탈리아 사회의 정치적 병폐였던 후견인주의와 엽관제도를 극복하지 못하였고, 셋째는 새로운 정치세력을 뒷받침하는 지지계층의 중추라 할 수 있는 중산계급이 여러 곳으로 나누어진 지역적 한계, 그리고 노동자들이 노동조합 이기주의에서 탈피하지 못했기 때문이었다.

어쨌든 이후 정치 상황은 제2차 세계대전 종전 이래 처음으로 정권을 잡은 중도좌파가 지속적으로 집권하지 못했고, 2001년 부정부패의 향유자였던 베를루스꼬니가 다시 한 번 정권을 잡게 되었다.

베를루스꼬니가 승리할 수 있었던 요인을 꼽자면 두 가지로 집약할 수 있다. 첫째 베를루스꼬니는 미국의 포브스지가 선정한 세계 부자 순위에서 2000년 14위를 기록한 이래 현재까지 100위권 안에서 오르락내리락 하고 있는 상황임 이탈리아 최고의 부자로 재력을 통한 자본가 정치capitalist politics를 펼치고 있었다는 점이다. 둘째는 1996~2001년까지 5년의 중도좌파 정부가 이탈리아 국민의 기대만큼 성공적이지 못했다는 반대급부적 요소에 기인한 것이다.

그러나 두 번째 요인은 정권교체의 직접적 원인이라기보다는 부차적이고 상대적인 요인이라고 보는 것이 정확하며, 첫 번째야말로 자본의 위력으로 정치가 좌지우지될 수 있다는 사실을 극명하게 보여주는 사례이다.

이후의 과정은 세계인의 예상 그대로 이탈리아를 삼류 민주주의 국가로 전락시켰다. 가장 먼저 개악의 칼을 들었던 분야는 노동법이었다. 해고를 자유롭게 할 수 있도록 노동법 18조를 개정하여 노동시장의 구조를 신자유주의적으로 바꾸어 놓았다. 비정규직과 임시직, 파트타임 노동자들이 양산됨으로써 사회 갈등이 고조되고, 서비스업에 더욱 도움이 되는 방향으로 이탈리아 노동시장이 바뀌었다.

2003년에는 노동법 개악에 이어 이탈리아 헌정 사상 최악으로 평가받는 치라미Cirami 법안이 제정되었다. 이 법안은 수사가 진행 중인 피의자가 재판부나 판사의 교체를 요구할 수 있고 재판 관할지까지 바꿀 수 있게 한 악법 중의 악법이었다. 이 법안 덕분에 베를루스꼬니는 자신이 연루된 여러 재판을 이곳저곳으로 옮겨가며 시간을 끌었고, 몇몇 사건은 공소시효를 넘기는데 성공함으로써 면죄부를 받을 수 있었다.

베를루스꼬니의 악법 제정은 여기서 끝나지 않았다. 그는 면책특권을 악용한 새로운 법안을 제정하였다. 새로운 법은 국가의 5대 고위직총리, 대통령, 국회 상원의장/하원의장, 헌법재판소장에 대한 면책특권을 악용한 것으로, 재임 중에는 어떤 범죄로도 기소되지 않는다는 법안이었다. 이 사태는 유럽을 경악케 하였고, 당시 EU 의장국이었던 이탈리아를 불안의 눈초리로 바라보게 된 결정적 계기가 되었다. 다행히 지금은 위헌판결을 받아 법안이 취소된 상태이다.

2003년 12월 3일에는 이탈리아 정보통신부 장관인 가스빠리Gasparri의 법안이 제정되었다. 이 법안은 언론독점과 사유화를 막기 위해 소유 지분제한을 두고 있었던 이전의 법을 지분제한 철폐와 함께 광고시장의 독점을 허용하는 법이었다. 이는 언론 재벌 베를루스꼬니의 입지를 강화해주고 공영방송까지도 베를루스꼬니 소유가 가능하게 하는 법이었다. 간단히 말해 모든 언론을 이탈리아 최고의 부자이자 언론재벌인 베를루스꼬니가 소유할 수 있도록 하는 법안이었다.

이런 악법들을 개혁입법으로 위장해 무리하게 제정하려는 베를루스꼬니의 의도는 간단하다. 자기 지위를 이용하여 이탈리아를 영원히 자신의 영향력 하에 두면서 자기의 부를 영속시키기 위한 것이다. 이를 위해 헌법을 수정하고, 필요한 모든 법안을 제정, 개정하여 국민을 우민화시키고, 그 제도를 확립하겠다는 것이다. 오늘이야말로 마니 수사가 다시 한 번 필요한 시점이며, 실제로 밀라노 검찰과 베를루스꼬니의 한 판 승부가 기다리고 있다. 그러나 상황은 94년 이전보다 훨씬 열악하다. 검찰수사의 절대 방해세력인 언론과 방송을 베를루스꼬니가 완전히 장악하고 있는 것이다.

향후 정국은 여전히 예측불허이다. 1992년 제도적 정비와 부정부패 척결에 성공하였던 이탈리아 정치계는 다시 한 번 부패와 불법의 척결을 통한 국가개혁의 기로에 섰다. 국민들은 다시 집권한 중도좌파 연정이 베를루스꼬니의 죄상을 낱낱이 밝혀주길 기대하였다. 그러나 2006년 총선에서 어렵게 승리한 쁘로디의 중도 좌파연정은 2년을 넘기지 못하고 붕괴하였으며, 결국 2008년 베를루스꼬니에게 권력을 다시 내주었다.

국민 대부분이 지지하고 원했던 부패한 제왕 정치인에 대한 수사는 그렇게 물거품이 되었고, 베를루스꼬니는 부패와 실정, 그리고 그보다 더 부끄러운 스캔들에도 불구하고 이탈리아 국정을 이끄는 총리로서 2011년까지 재임하였다. 이탈리아는 다시 절망에 빠지고, 다수 국민들이 이탈리아인이라는 자체를 창피하게 생각할 정도의 대상이 된 베를루스꼬니. 비록 절체절명의 국가부채 위기라는 외부적 요인에 의해 총리직에서 사임하였지만, 베를루스꼬니는 여전히 건재하다고 할 수 있다.

그의 미래를 비관적으로 보지 않는 이유는 무엇일까? 여기에는 몇 가지 분명하고도 뚜렷한 이유와 구조적인 원인이 존재한다. 가장 분명한 이유는 베르루스꼬니의 부이다. 누가 뭐래도 베를루스꼬니와 그 일족은 이탈리아 최고의 갑부이자 재벌 가문이다. 2010년 '포브스'지의 발표에 의하면 베르루스꼬니는 약 90억

달러의 재산으로 이탈리아 세 번째 부자이다. 그러나 이는 지주 회사 형식을 통해 그의 가족과 측근들의 재산을 위장 분할한 꼼수일 뿐이다. 그는 실질적으로 이탈리아의 첫째 부자이다.

이탈리아 정치가 부패하고 비효율적일수록 그의 돈과 야망은 큰 위력을 발휘했다. 불신임투표를 앞두고 동료 여자 의원들에게 보석 반지를 선물하고, 연정 파트너 정치인들에게 정치자금을 뿌려 자기의 통제 아래 두었다. 부정과 불법이 아니면 자기의 부와 명예를 지키지 못할 정도로 이미 돌아가기에는 너무나 먼 길이 되었다. 거스를 수 없는 대세에 떠밀려 자진사임 형식으로 정치계를 떠났지만, 오히려 복귀를 위한 정치적 고려라는 해석이 더욱 설득력 있다. 특히 미디어세트 그룹의 후계자이자 부회장인 아들의 정치입문을 위해 불명예스러운 퇴진을 피하려는 모습을 보여준 것은 향후 언제인가 그나 그의 아들의 등장을 예고하고 있다.

베를루스꼬니에 대한 전망이 확실하게 보이는 것은 그의 정당에 그를 대신할 수 있는 후계자가 거의 존재하지 않을 뿐만 아니라, 야당에도 그와 대적할만한 인물이 있지 않다는 사실이다. 비록 더 이상 권력을 잡기에는 나이가 많다는 사실2012년 우리 나이로 75세이다에도 불구하고, 기존의 장수 정치가들실제로 안드레오띠와 같은 이들은 90살이 넘어서까지 이탈리아 정치계에 영향력을 행사했다이 막후에서 큰 영향력을 행사하는 구조를 갖고 있는 이탈리아 정치현실도 베를루스꼬니의 영원한 퇴장을 예상하지 못하게 한다.

　새롭게 출발한 정부가 강력한 의지를 가지고 정치개혁과 경제위기를 헤쳐 나갈 수 있을지도 모른다. 마리오 몬띠Mario Monti 라고 하는 EU 집행위원 출신의 경제 전문 행정가를 총리로 하여 2011년 12월에 출범한 내각은 그런 측면에서 중요한 역할을 할 것이다. 과도적인 경제전문 관료내각이라는 한계를 가지고 있지만, 국가부채를 비롯한 경제위기를 극복하고 정상적인 이탈리아로 돌아갈 수 있을 것이라는 긍정적 전망도 있다. 그렇지만 경제와 정치가 따로 노는 이탈리아의 사회 구조를 들여다보면, 새로운 경제내각의 성공 여부는 베를루스꼬니의 퇴진이나 부활과는 그렇게 큰 연관성이 없다고 볼 수도 있다.

　어쨌든 많은 논란에도 불구하고 뜨거운 감자가 되어 버린 베를루스꼬니는 당분간 이탈리아 사회의 미래를 예측하게 하는 지표이자 인물 기준이 될 것임에 틀림없을 것이다. 그런 베를루스꼬니가 기반 하고 있는 밀라노 역시 당분간은 논란과 끊임없는 루머를 만들어 내는 공간으로 작동할 것이라는 점도 지켜보는 재미일 것이다.

　현대 이탈리아 사회의 혼란스러움을 모두 안고 있는 밀라노이긴 하지만, 이 도시를 주도로 하는 롬바르디아 주는 조금 다르다. 정치경제의 혼탁함을 뒤로 하고 밀라노를 조금만 벗어나면 시원하고 멋진 자연환경을 바로 만날 수 있는 곳이다. 이탈리아에서 바다가 가장 먼 내륙에 위치한 지형적 불리함을 보상이라도 하듯 롬바르디아 주에는 아름다운 호수들이 밀집해 있다. 이탈리아 최대 실크 산지인 꼬모Como를 중심으로 맑고 푸른 휴양 호수들이 북쪽으로 넓게 산재해 있으며, 서쪽으로는 이탈리아 최대 가르다Garda 호수가 멋진 알프스의 품격과 함께 휴양지로서의 면모를 갖추고 있다.

이탈리아에서 성탄절, 새해, 부활절 등 축제일에 빼놓을 수 없는 빠네또네panetone라는 원추형의 케이크가 태어난 곳으로도 유명하며, 명품 바이올린 제작 도시로 알려진 끄레모나Cremona, 오랜 중세도시로 유서 깊은 만또바Mantova, 높은 성곽과 아름다운 경치를 자랑하는 베르가모Bergamo 역시 고풍스러운 도시 경관을 갖고 있다. 르네상스 시기의 건축물로, 빠비아에서 8km 정도 외곽에 위치한 체르또자 디 빠비아Certosa di Pavia가 롬바르디아의 아름다움을 더해주는 유적이다.

화려함이나 풍요함만큼 이 지방은 생활수준이 이탈리아 제일이라는 지위와 상징성을 갖고 있다. 가장 이탈리아적이지 않으면서, 높은 생활비와 물가로 악명을 떨치고 있는 열악함에도 불구하고 롬바르디아와 그 주도인 밀라노는 이탈리아 경제의 심장부로 여전히 작동하고 있다.

천 의 얼 굴 을 가 진 이 탈 리 아

Chapter 03

르네상스의 도시 피렌체,
중세와 현대의
경계에 선 또스까나

FIRENZE
&
TOSCANA

빨리오의 도시, 시에나의 아름다운 도시의 모습

Firenze & Toscana

우 리 나 라 사 람 들 이 상 상 하 고 보아온 이탈리아의
전형은 르네상스의 이탈리아, 수많은 예술품이 넘치는 그런 이
탈리아일 것이다. 피렌체는 바로 그러한 중세 르네상스의 모습
을 가장 완벽하게, 그리고 전형적으로 나타내는 도시이다. 흔히
예술의 수도라고 불리는 피렌체에는 화려하고 아름다운 르네상
스 유적과 유물들이 즐비하다. 피렌체는 또스까나Toscana 주의
주도이기도 하다.

메디치Medici가의 궁전으로 사용되었던 삐띠Pitti궁, 산따 마리
아 노벨라Santa Maria Novella 성당, 뽄떼 베끼오Ponte Vecchio 다리를
비롯한 건축물들은 한국에도 많이 알려졌다. 그 외에도 미켈란
젤로의 다비드 상이나 라파엘로의 비너스 등 귀중한 예술품이
보존되어 있는 곳도 피렌체이다. 이렇듯 아르노 강이 관통하는
넓은 평원 지대에 자리 잡은 피렌체는 역사와 문화면에서 보면
이탈리아에서 가장 이탈리아적인 곳의 하나다. 피렌체를 둘러
싸고 있는 여러 크고 작은 도시들도 제각기 중세적 아름다움을

가진 르네상스의 특색이 있다.

로마가 정치와 역사의 수도이고, 밀라노가 경제의 수도라고 할 수 있다면, 문화와 예술의 수도로 피렌체를 주저하지 않고 꼽는 것은 앞에서 이야기한 것처럼 이곳이 예술의 고장이기 때문이다. 르네상스의 3대 거장이라 할 수 있는 미켈란젤로와 라파엘로, 레오나르도 다빈치를 비롯하여 이탈리아에서 제작한 유로화 10센트에 새겨져 있는 '비너스의 탄생'을 그린 보띠첼로 Botticello 등 많은 예술가들이 활동한 문화 예술의 고장이 피렌체가 속한 또스까나주이다.

피렌체는 중세 이탈리아는 물론 당시 유럽 주요 왕정 중에서 단연 돋보이는 도시국가였다. 피렌체는 공화정이라는 중세에서는 보기 드문 선구적 정치제도를 유지했고, 메디치 가문의 막대한 부를 통해 유럽의 여러 절대왕정 국가들에게 돈을 빌려주기까지 했던 중세 유럽의 금고였다. 이리저리 흩어져 분열되어 있던 이탈리아를 통일시켰다면, 아마도 신대륙을 발견한 나라로서, 혹은 로마제국과 같은 세계 대통일의 역사를 다시 썼을지도 모르는 화려하고 강력한 나라가 피렌체였다.

아름답고 화려한 피렌체에 슬프고도 따뜻한 역사가 1960년대에 발생했었다. 피렌체의 비극적인 대홍수가 그것이고, 그 재해의 극복 과정에서 보여주었던 하나 된 이탈리아의 현대사이다. 1966년 이탈리아 현대사에서 가장 심각한 피해를 주었던 홍수가 피렌체에서 일어났다. 1966년 11월 4일 피렌체는 도시 전체가 제

또스까나 주의 주요 도시들과 상징적인 유적들

2의 베네찌아로 변했다. 피렌체를 관통하던 아르노 강이 범람하면서 피렌체 시내 전체와 그 주변을 수상도시로 만들어버렸다. 도시의 3분의 2가 1~2미터 깊이로 물에 잠길 정도였던 최악의 홍수는 시내 여기저기에 처참한 잔해를 남겼다. 식수가 절대적으로 부족했고, 전기가 끊어졌으며, 전화는 불통되었다.

대부분의 건물이 물에 잠기면서 귀중한 예술품과 유적들도 큰 피해를 입었다. 르네상스의 보고라는 우피치Uffizi 미술관도 진흙더미가 떠밀려 들어와 피해를 입었고, 산따 끄로체 성당 등 주요 유적들도 적지 않은 손실을 피할 수 없었다. 70여 명이 목숨을 잃거나 실종되었다. 이탈리아는 지중해성 기후이기 때문에 우기는 11월 한 달 정도인데, 봄이 한창인 4월에 홍수가 났다는 사실 자체가 특별한 사건이었다. 이탈리아 반도는 강우량이 많은 지역도 아니고, 특히 피렌체는 그 동안 범람지역이 아니어서 그 피해는 더욱 컸다. 1966년의 '아르노 강 범람'은 이탈리아 전역에 새로운 사회상 정립의 필요성을 일깨웠다.

피렌체를 비롯한 여러 또스까나의 도시들이 물에 잠기자 이탈리아 전역에서 구호의 손길이 보내졌다. 재난에 대한 대책은 국가의 몫이라고만 생각하고 있었던 이탈리아인들에게 국민적 구호운동은 아도르노 강의 범람만큼이나 하나의 사건이었다. 그 중에서도 가장 상징적이고 의미가 있었던 움직임은 '자원봉사 젊은이들'이었다. 이탈리아 전역에서 수천 명의 젊은이들이 피렌체를 향하여 모여들었다. 특히 20대 젊은이들은 대부분 'beat'라는 모임 소속이었는데, 그 일군의 그룹이 오늘날까지 그 전통을 이어 '자발적인 운동'으로 발전했다. 그리고 이들은 유럽의 '68운동'에서도 중추적 역할을 담당했다.

재난과 고통을 슬기롭게 이겨낸 피렌체는 자유롭고 개방적인 문화의 도시라는 위상을 다시 찾게 되면서, 새로운 이탈리아 현대 문화의 보고이자 전달자 역할을 한다. 바로 화려하고 예술의 향기 넘치는 르네상스의 보고를 복원하여 많은 세계인들의 관심과 방문을 받게 되었다. 이번에는 르네상스의 보물을 한층 빛나게 해주는 더욱 많은 매개체들과 함께 등장하였다. 그것은 음식과 와인이었다. 이에 대한 이야기는 잠시 뒤로 미루기로 하고, 먼저 피렌체를 중심으로 병풍처럼 펼쳐진 또스까나의 아름다운 지역과 도시들을 살펴보기로 하자.

앞에서 이야기했듯이 피렌체를 중심으로 르네상스 도시들이 산재해 있는 곳이 또스까나이다. 갈릴레이가 중력 실험을 했던 곳으로 유명한 기울어진 사탑이 있는 피사Pisa. 석양이 물들 즈음 파란 잔디와 함께 웅장하게 솟아있는 대성당과 사탑을 보고 있으면 중세 한 가운데 있는 것 같은 착각이 든다. 십자군 전쟁에서 기독교인들을 실어 나르면서 막대한 부를 축적했던 당시의 영화스러움을 간직한 항구 도시는 석양이 물든 사탑과 대성당의 위용으로 남아 있다.

역사가 살아있는 피사는 역사학의 전통이 빛나는 곳이기도 한데, 실제 이탈리아에서 가장 권위 있고 학풍이 강한 역사를 가르치는 대학원 과정이 있는 곳이 피사이다. 피사 대학은 그런 면에서 이탈리아 역사학의 전통과 학풍을 짐작할 수 있는 곳이며, 특히 르네상스 시대 역사로 유명하다.

바닷가에 인접한 피사를 떠나 조금 내륙으로 이동하면 찬란하고 멋진 성벽으로 둘러싸인 루까Lucca가 위치하고 있다. 웅장한 프랑스와 영국의 성처럼 생긴 원형 성곽은 루까가 한때 피렌체와 대등할 정도의 강력한 도시국가였음을 증명하고 있다. 성곽으로 둘러싸인 도시 안에 또 다른 타원형 건물로 둘러싸인 집합체가 그 유명한 안피떼아뜨로 로마노anfiteatro romano이다. 안의 공간을 여러 건물로 둘러싸고 있어 마치 하나의 타원형 건물처럼 보이는 이곳은 평소에는 시장으로, 휴가철에는 다양한 축제가 열려 다른 또스까나 도시들에서 볼 수 없는 색다름을 느끼게 해준다. 또한 이탈리아 오페라 3대 거장의 한 사람인 푸치니 Puccini가 태어난 곳으로도 잘 알려져 있으며, 그의 생가가 아직까지 잘 보존되어 있다.

루까에서 피렌체 방향으로 오다보면 우리나라 사람들에게는 약간 생소한 산골 마을 꼴로디가 있다. 어린이들에게 너무나 친근한 '피노키오'의 고장이다. 이곳은 동화작가 꼴로디 Colodi에서 이름을 따왔다. 꼴로디에는 세계에서 가장 큰 피노키오 모형이 있고, 피노키오가 모험을 했던 주요 장소를 본떠 만든 피노키오 공원이 있다. 이 시골 마을에 유명한 정원이 하나 있는데, '물의 공원'이라는 애칭의 가르쪼니 Garzoni이다. 유럽의 6대 정원으로 꼽히는 이 정원은 꼭대기부터 아래까지 물이 지하와 수로를 통해 흐르게 되어 있는 독특하고 아기자기한 구조를 갖고 있다. 피노키오 공원과 가르쪼니 정원을 함께 돌아보는 것은 또스까나에서 느낄 수 있는 새로운 여행의 기쁨이다.

다시 피렌체로 향하는 길목에서 동쪽으로 이동하다보면 조그마한 도시를 만날 수 있다. 삐스또이아 Pistoria라는 이 도시의 독특한 점은 우리나라의 동빙고, 서빙고와 같은 기능을 가진 계곡이 있다는 점이다. 특히 겨울에 얼음을 나르는 인공 수로를 만들어 필요한 곳에 얼음을 공급하였고, 더운 여름에는 이 계곡

천 의 얼 굴 을 가 진 이 탈 리 아

에 음식을 보관하는 저장법을 개발한 곳이다. 이탈리아의 다른 도시들도 이런 방식을 통해 얼음을 활용하였다는 사실은 삐스또이아를 꼭 들려보아야 하는 이유일 것이다.

피사와 피렌체를 가로지르는 지역 아래 가장 먼저 눈에 띄는 도시는 시에나Siena이다. 중세의 아름다운 전통이 살아 숨 쉬는 성당과 고풍의 건물들로 유명한 시에나는 중세부터 내려오는 전통 스포츠로도 유명하다. 넓은 원형 광장에서 9마리의 말과 기수가 트랙을 돌아 그 해의 우승자를 가리는 이탈리아 전통 경기인 빨리오Palio이다. 언덕배기 위에 높이 솟은 종탑이 멋진 시에나의 시뇨리아Signoria 광장은 그렇게 르네상스의 이탈리아를 이야기해 준다.

고풍스런 중세의 골목길을 돌고 돌아 다양한 모습의 르네상스를 볼 수 있는 시에나를 벗어나면 영화 〈인생은 아름다워〉La vita è bella의 배경이 되었던 정감이 넘치는 아레쪼Arezzo가 나온다. 이곳은 이탈리아에서 가장 오래된 골동품 박람회가 열리는 곳이기도 한데, 주말에 열리는 귀중품 시장에서는 운 좋으면 정말 값나가는 귀중품을 손에 넣을 수도 있다. 대리석의 산지 까라라Carrara, 에트루리아인들이 건설한 것으로 알려진 7km에 달하는 성벽으로 유명한 볼떼라Volterra, 해 지는 저녁 무렵의 풍경이 아름다우며 몇 년 전 영국 수상 토니 블레어가 별장을 구입해 화제가 된 적이 있는 산 쥐미냐노San Gimignano도 많은 사람들이 즐겨 찾는 곳이다.

탑들의 도시 산 쥐미냐노의 모습

　이밖에도 1814년 나폴레옹의 유배지 엘바^{Elba} 섬이 있으며, 리보르노^{Livorno}, 그로쎄또^{Grosseto}와 쁘라또^{Prato} 등 유서 깊은 도시들이 많이 있다. 이와 같이 곳곳에 산재한 유적과 볼거리들 덕분에 이곳에는 이탈리아의 다른 주들보다 '아그리뚜리즈모^{Agriturismo}'라는 것이 발달해 있는데, 이탈리아 특유의 관광 유형인 아그리뚜리즈모는 또스까나주의 문화와 예술, 그리고 포도주, 음식과 긴밀한 관계가 있다.

　'Agriturismo'는 '농지의'라는 어원을 갖는 'Agri'와 '관광'이라는 의미의 'Turitismo'가 합성된 단어이다. 말 그대로 '농지에서의 관광'이라는 의미이다. 물론 이탈리아에만 국한된 관광형태는 아니다. 한국에도 이미 '관광농원'이라는 것이 있었고, 다른 나라들에도 아그리뚜리즈모 형태의 관광상품이 있기 때문이

천의 얼굴을 가진 이탈리아

루까의 안피떼아뜨로 로마노 광장에서 찍은 건물의 모습

다. 아그리뚜리즈모가 이탈리아 전역의 대표적 관광 형태인가
에 대해서는 약간의 설명이 필요하다.

이탈리아의 관광업이 유명하다는 것은 누구나 알고 있다. 우
리나라 사람들에게 왜 이탈리아에 가냐고 물으면 대부분 로마
와 피렌체, 베네찌아 같은 도시들이 있어서 간다고 이야기한다.
그래서인지 패키지 이탈리아 여행 일정은 대개 주요 도시 위주
로 짜여 있다. 그러나 유럽 사람들은 그런 식으로 이탈리아 여
행을 하지 않는다. 대도시뿐만 아니라 여러 중소 도시와 농촌까
지도 여행지로 삼아 휴식을 취한다. 이런 방식에 가장 적합한
형태가 바로 아그리뚜리즈모이다.

좀 더 단순 명확하게 아그리뚜리즈모를 정의하자면, 그것은
대도시나 인공적 위락시설을 갖춘 휴양지가 아니라 전원이나

성벽의 도시 볼떼라의 고색창연한 모습

삼림 등 자연 속에서 숙식을 해결하고, 주변의 유서 깊은 도시나 유물들을 관광하는 방식이다. 이탈리아의 역사적 배경과 문화적 요소, 그리고 자연환경 등은 많이 들어 알고 있을 것이다. 이탈리아의 많은 도시들은 길게는 수천 년, 짧게는 수백 년의 역사 전통을 고스란히 간직하고 있다. 곧 이탈리아는 오랜 역사적 배경을 바탕으로 여러 지역이 독특하고 찬란한 문화유산을 지켜온 것이다.

특히 1960년대 이후 관광업을 주력 산업으로 육성하기 위하여 국가적 투자와 다양한 관광상품들이 개발되었다. 아그리뚜리즈모는 그러한 관광산업 육성의 연장선 위에서 유럽인의 경제적 부와 여유로운 생활 패턴 등에 맞추어 개발된 형태라고 할 수 있다. 1990년 이후 본격적이고 조직적인 아그리뚜리즈모가 이탈리아에서 선을 보였다. 이탈리아 아그리뚜리즈모의 선구자는 도나텔리 여사로 일컬어진다. 그녀는 1993년 도나텔리 치넬리 콜롬비니를 건립하면서 이탈리아 아그리뚜리즈모를 한 단계 위로 올려놓았다.

이후 이탈리아 전역은 자기 지역이 갖고 있는 다양성과 독창성에 기반하여 아그리뚜리즈모를 관광산업의 기초로 삼았다. 2009년 기준으로 이탈리아에서는 1천 5백여 곳이 아그리뚜리즈모를 운영한다. 이외에도 간간이, 혹은 계절적으로만 운영하는 곳도 적지 않기 때문에 상당히 많은 아그리뚜리즈모 농장이 있다고 봐야할 것이다. 자연 속에서 휴식을 얻고 문명의 흔적을 찾아보면서, 다양하고 독특한 음식과 와인을 즐기고자 하는 유럽인들과 이탈리아인들의 취향에 완벽하게 맞춰진 관광방식은 커다란 성공을 거두었다. 실제 여름에 이탈리아에 가보면 수많은 타국 차량들이 이탈리아 전역을 누비고 있다.

아그리뚜리즈모가 가장 잘 되어 있는 곳은 자연 풍광과 음식, 와인이 뛰어난 지역이며, 대개는 유서 깊은 유적지들과 인접한 곳이다. 삐에몬떼, 또스까나, 에밀리아 로마냐, 시칠리아, 리구리아, 라찌오, 베네또 주가 특히 유명하며, 그곳들은 그 지역의 자연과 문화를 완벽하게 즐길 수 있게 조직화되어 있다.

이들 주의 일반적 특징은 수려한 자연경관과 함께 역사성 있는 중소 규모의 도시들이 여럿 있다는 점이다. 이 도시들은 오랜 전통을 보존해오면서, 그것들이 개발이나 현대화의 명분에

시에나의 시뇨리아 광장의 웅장한 모습

희생되지 않도록 본래의 모습을 지켜왔다. 곧 다소간의 불편을 감수하면서 복잡하고 협소한 중세의 도시구조를 바꾸지 않고 최소 수백 년, 최대 2천여 년을 간직하고 있는 곳이 많다.

이러한 환경을 기반으로, 아름다운 자연풍광과 다양한 먹을거리를 가진 전원의 별장과 같은 대저택이나 농장에서 아그리뚜리즈모를 시작하였다. 다른 한편 아그리뚜리즈모는 우리나라에서 최근 유행하고 있는 펜션과 유사한 구조를 갖고 있다. 다만 좀 더 토속적이며, 그 지역에 어울리는 양식의 건물, 수영장, 독특한 편의시설들이 잘 정비되어 있다는 차이가 있을 것이다. 요즘 고급 펜션은 야외 수영장이나 마시지용 풀 등을 갖춘 곳도 있으니, 시설 면에서는 우리나라가 낫다고 할 수도 있겠다

이탈리아의 아그리뚜리즈모는 포도주와 음식, 그리고 올리

또스까나의 전원 풍경. 아그리뚜리즘을 기반으로 하는 도시와 농촌이 어울어진 모습

브 재배의 이점을 충분히 활용한다. 대개의 아그리뚜리즈모 운영시설은 음식을 제공하고 있으며, 와인 시음이나 양조, 혹은 올리브 수확 등의 체험 과정이 많이 있고, 어떤 곳에서는 단기 요리강좌가 개설되어 있다. 곧 해당 지역의 독특한 먹을거리 체험을 주요 관광상품으로 활용하고 있다는 점에서 약간의 차이를 발견할 수 있다. 더구나 단순히 먹고 마시면서 휴식을 취하는 것이 아니라, 자동차로 1시간 이내에 유적지들이 즐비하게 때문에 관광과 휴식을 최적상태로 조합할 수 있다는 점이 이탈리아 아그리뚜리즈모의 장점이다.

아그리뚜리즈모는 또 다른 이탈리아적 특성의 사회운동과 생활운동, 새로운 관광자원을 만들어냈다. '슬로우 시티Slow City'와 '슬로우 푸드Slow Food'가 그것인데, 이 두 가지 운동의 방식은 다음 장에서 자세하게 설명하기로 한다. 독자들께서도 로마와 같은 대도시보다는 아름다운 전원에서 이탈리아 특유의 아그리뚜리즈모를 체험해 보기를 권한다. 개인적으로 필자의 꿈은 이탈리아에서 아그리뚜리즈모와 같은 일을 해보고 싶다는 것이니, 혹 20년 후 이탈리아 어디선가에서 아그리뚜리즈모를 운영하는 필자를 발견하거든 반갑게 연락하시라.

바로 이 점이 이탈리아가 유럽에서 아그리뚜리즈모를 가장 많이 발전시켰고, 유럽인들이 왜 이탈리아 아그리뚜리즈모를 선호하는가에 대한 이유이다. 역사적이고 문화적인 볼거리, 신선한 공기와 아름다운 자연 경관, 이러한 것들을 더욱 즐겁게 해주는 풍성한 먹을거리, 품질 좋고 독특한 상품을 쉽게 구입할 수 있는 상점들, 바로 이러한 요소들이 아그리뚜리즈모가 발달할 수 있는 조건이며, 이러한 조건들이 가장 체계적으로 발달된 지역이 또스까나주인 것이다.

아름다운 볼거리와 자연경관만큼이나 피렌체는 이탈리아 르네상스의 보고이자 근대 이탈리아로 넘어가는 시기의 예술과 문화의 수도로서, 현대 이탈리아어의 원형이 되는 또스까나어가 탄생한 곳이기도 하다. 중세와 현대의 공존이 피렌체의 가장 두드러진 모습이다. 실제로 이탈리아 문화가 새롭게 시작되는 시기나 전환점마다 피렌체와 피렌체 인들은 그 역사적 역할을 기꺼이 맡았다.

중세에서 근대로 넘어가는 시작을 열었던 단테Dante, 외세와 교황청의 발굽 아래 신음하고 있던 이탈리아를 통일시키고자 했던 마키아벨리 역시 근대 정치학의 아버지라는 칭호를 받을 만큼 정치학을 종교와 대등한 입장으로 정립하였다. 또한 르네상스를 완성하고 새로운 예술사조로서 매너리즘을 열었던 미켈란젤로도 피렌체 태생은 아니지만 피렌체를 무대로 예술 활동을 펼쳤으며, 피렌체를 이탈리아 최고의 공화국으로 발전시킨 메디치 역시 피렌체의 지배자였다.

미켈란젤로 광장에서 내려다보는 피렌체 시가지의 전경이나 뽄떼 베끼오의 화려함은 세계 어느 도시에서도 느낄 수 없는 예술적 감흥을 갖게 한다. 도시 전체의 분위기가 여전히 중세적, 아니 르네상스적 느낌을 고스란히 간직하고 있는 것 같다. 그 옛날 저자거리였던 다리 위는 물론이고, 삐띠 궁을 둘러싸고 빽빽하게 자리 잡고 있는 은행들 역시 당시의 분위기를 고스란히 자아내고 있다.

잘 알려진 대로 오늘의 금융업의 효시라고 할 수 있는 대부업이 가장 먼저 발생한 곳은 이탈리아이다. 특히 지중해 무역을 통해 부를 획득한 도시국가들을 중심으로 지방이나 왕국에까지 대부를 해주던 국제금융의 시작이 바로 피렌체와 제노바 공국 등이었다. 우리에게도 잘 알려진 메디치 가도 처음 시작은 고리대금업자였을 정도로, 르네상스기 주요 도시국가들의 집권자들이 대부업을 통해 권력을 획득한 사실은 역사적으로 확인되었다.

이러한 전통은 21세기에도 고스란히 남아있다. 이탈리아에서는 은행, 금융업, 신용금고업계에서 아직까지 통장이나 서류에 수기手記 방식이 사용되고 있다. 입금 또는 인출액을 손으로 일일이 쓰고, 뒤에 담당자가 서명을 하는 방식이 초고속 인터넷 시대에도 사용되고 있다는 사실이 믿기지 않겠지만, 이탈리아에서는 여전히 대부분의 은행이 선호하는 방식이다.

　의심이 많은 이탈리아인들이 기계가 미덥지 않아 하는 전통이 굳어져 오늘날까지도 수작업을 선호한다고 할 수 있지만, 그것보다는 눈에 보이는 것에 대한 무작정의 신뢰와, 자신이 직접 무언가를 한다는 성격, 그리고 좀 더 직접적으로 말하면 이미 있던 것을 굳이 바꾸려하지 않는다는 설명하기 힘든 전통일 것이다.

　피렌체와 또스까나를 잘 느끼고 보려면 시간을 투자해 준비할 필요가 있다. 이탈리아의 중심에 자리하고 있는 또스까나와 피렌체를 찾는 것만으로도 이탈리아 여행은 충분한 가치를 가진다. 르네상스를 보고 느낄 수 있는 피렌체와 또스까나를 가슴속에 꼭 새겨두기 바란다.

Chapter 04

물의 도시 베네찌아,
베네또 지방의 이중성

VENEZIA
&
VENETO

세계 유일 수상도시 베네찌아의 해상축제

Venezia & Veneto

이 탈 리 아 를   방 문 했 던   이 들 에 게   가장 기억에 남는 도시를 꼽으라면 많은 이들이 베네찌아를 주저 없이 이야기할 것이다. 도시 자체가 물 위에 건설되었다는 의미 외에도 현재까지 남아있는 도시 외관과 유적들, 그리고 운송수단과 수많은 볼거리를 제공하는 수상도시라는 점도 중요한 요인일 것이다. 또한 이탈리아에서 가장 유명한 가면축제인 사육제 Carnevale 가 열리기 때문이기도 할 것이다.

그러나 베네찌아는 그 아름다움 못지않게 우리가 잘 모르는 쓸쓸함이 공존하는 도시이다. 관광지 하면 떠오르는 바가지요금이 이탈리아에서도 가장 심한 곳이기도 하다. 음식 값과 함께 숙박비뿐만 아니라 독특하게도 공식적인 바가지요금 구조를 갖는 관광지 예를 들면, 대중교통 요금은 관광객과 베네찌아 주민이 무려 3배 차이가 난다. 이는 어느 관광지에도 보기 힘든 횡포이다 이다. 또 〈베니스의 상인〉이라는 작품에서 묘사된 바와 같이 인정사정없고, 목숨보다 돈을 더 중요하게 생각하는 수전노 상인들로 유명한 곳이기도 하다. 아름다운 도시 베네찌아의 뒷모습은 이렇게 씁쓸하고 개운치가 않다.

잔혹할 정도의 상거래 기술이 발달하고, 돈을 인생의 최고 목적으로 삼는 인식이 일반적이어서 베네찌아에서는 청소년기를 지나자마자 돈벌이에 나서는 경우가 많다. 어려서부터 돈을 밝히는 이곳의 청소년들은 성인이 되어서도 이를 기준으로 인생을 살기 때문에 금전적 이해관계를 가장 중요하게 생각하는 경향이 있다. 경제적으로 타인에게는 매정하고 자신에게는 관대한 사람들을 이곳에서 흔히 볼 수 있는 것도 바로 여기에 있는 것이다.

베네찌아의 또 하나의 특징은 인종적 · 언어적인 면이다. 이탈리아에 속해 있지만, 이곳의 인종은 라틴계가 아닌 게르만에 가깝다. 언어적으로도 베네찌아 방언은 게르만어 계통에 가까우며, 문화적 뿌리도 오스트리아에 더 접해 있다. 이런 이유에서인지 이곳 사람들은 이탈리아인보다는 베네찌아 인으로 불리길 원하며, 정치적으로 분리 독립을 주장하는 이들도 제법 많다. 분리주의 주창은 베네찌아 지역의 경제적 이익과 연계되어 있으며, 인종주의에 기반하고 있다. 이를 반영하듯 최근에는 반인종주의 그룹으로부터 베네찌아는 테러 대상이 되는 일이 잦아졌다.

인종주의와 수전노 지향의 경제지상주의는 외국인 노동문제와 관련하여 가장 심각하게 굴절된 모습을 갖게 하였다. 현재

천 의 얼 굴 을 가 진 이 탈 리 아

이탈리아에서 불법 노동자 문제가 가장 심각한 곳으로 평가받는 지역이 베네찌아를 중심으로 한 산업지대이다. 종종 방송이나 신문의 주요 뉴스 주제가 되기도 하는 외국인 노동자의 임금 착취 문제는 불법 이주노동자들 사이에서 벌어진다. 19세기의 노예제처럼 임금과 인권 면에서 자행되고 있는 외국인 노동자 착취는 현재의 베네찌아의 이중적 모습이다.

베네찌아를 더욱 가슴 아프게 하는 현실은 언젠가는 이 도시 자체가 사라져버릴지도 모른다는 걱정이다. 화려한 바실리카 양식과 비잔틴 양식이 아우러진 베네찌아는 지금 커다란 위기에 처해 있다. 오래 전부터 높은 습도 등으로 사람이 살기에 적합하지 않다는 평가를 받고 있는 건물들은, 도시 자체의 침하로 더욱 물에 잠기는 횟수가 잦아지고 있다. 우기 때면 무릎 위까지 올라오는 장화를 신거나 임시 다리를 놓아야 될 만큼 갈수록 심해지고 있다. 현재 이를 방지하기 위해 바다 속에 이동식 제방을 축조하는 공사를 추진하고 있지만, 이것으로 가라앉고 있는 베네찌아를 구할 수 있을 지는 두고 봐야 한다.

베네찌아는 역사 속에 자주 등장하는데, 해상왕국으로 번영을 누리던 시기 〈동방견문록〉으로 유명한 마르꼬 폴로의 고향이기도 하며, 근대 희극의 선구자 골도니의 작품의 주 무대가 되었던 곳도 여기이다. 그리고 희대의 바람둥이로 당대 유럽을 경악시켰던 카사노바가 집정관 부인과 불륜행각을 벌였던 곳도 베네찌아이다.

이렇듯 역사의 무대에서 각광 받았던 해상도시 베네찌아가 오늘날에도 세계의 이목을 받는 도시로 여전히 자리 매김하고 있는 것은 경관 좋은 관광지라는 점도 있지만, 현대 이탈리아의 정치·경제에서 그 비중이 작지 않기 때문일 것이다. 도시 자체가 물속으로 사라질 수 있다는 걱정 속에서도 베네찌아가 지속적으로 세계의 이목을 끌 수밖에 없는 이유는 바로 이런 복합적 상황이 아닌가 싶다.

카사노바를 떠올릴 때면, 흔히 생각되는 것이 이탈리아의 성적 문란함이다. 우리나라 사람들이 외국인, 특히 서양인들에 대해 가지고 있는 선입견과 편견의 하나는 성적으로 자유분방하고, 일찍 성숙하여 개방적인 성풍속도를 가진 것으로 단정하는 점이다. 서구 영화를 보거나 서구에서 생활하다보면 그런 편견과 선입견이 어느 정도는 타당해 보일 수도 있지만, 유럽의 몇몇 나라들을 경험해보면 그 생각이 절대적이지 않다는 것을 알 수 있다. 이탈리아에 오래 체류해 보아도 이탈리아 사회가 생각보다 폐쇄적이고 보수적인 측면이 많다는 것은 느낀다.

물론 성적 호기심은 인류 모두의 공통 관심사일 것이다. 이탈리아 역시 공통의 관심사로서 성적 호기심이 충만한 국가이다. 어려서부터 이성에 대한 관심과 애정 표현이 비교적 자유롭고 개방적인 편이다. 이탈리아를 여행해본 사람들이 느끼는 거북함 혹은 낯섦 중의 하나가 길거리나 버스 등 공공장소에서 청소년들과 젊은이들이 벌이는 진한 애정행각일 것이다. 동방에

천의 얼굴을 가진 이탈리아

의지국을 자부하는 우리나라 사람들 입장에서 보면 용납할 수 있는 행동은 절대 아니다.

그럼에도 불구하고 다소 무분별하게 보이는 애정행각도 우리가 상상하는 것보다 훨씬 진솔하고 진지한 면이 있다. 이탈리아 청소년들은 어렸을 때부터 이성에 대한 감정을 솔직하게 드러내는 편이며, 우리가 '약혼자' 정도로 이야기할 수 있는 관계를 아주 어릴 때부터 정해 친구처럼 지낸다. 그런 관계가 오래 지속되면 이탈리아 여행 중에 흔히 볼 수 있는 '애정행각'의 청소년들이 되는 것이다. 그런데 그 관계는 생각보다 훨씬 진지하고 오래 지속되는데, 종종 결혼까지 이어지곤 한다. 다시 말하면 이탈리아인들만이 특별히 조숙하거나 '밝힘증'이 있는 것이 아니라, 남녀관계를 진지하게 여긴다.

그렇다고 이탈리아인들이 사랑을 인생의 절대적 가치로 여기는 순정파라고 하기에는 여러 문제가 있다. 실제 이탈리아 남성은 연애하기에 좋은 상대지만, 배우자로는 바람직한 스타일이 아니라는 여론조사도 있다. 사랑을 구할 때는 로미오 같이 달콤하고 낭만적인 스타일이지만, 결혼 뒤에도 끊임없이 다른 여성을 찾는 카사노바 스타일이라는 의미이다. 또 이탈리아 여성들은 성격이 너무나 강해 남자들이 금방 질리는 스타일이라고도 한다. 남녀 불문하고 첫 성경험의 연령이 낮은 것도, 동거 형태를 선호하는 것도 유럽의 다른 나라들과 차이가 없다.

이탈리아인들이 생각하는 연애와 결혼, 그리고 성은 어떤 모습일까? 〈킨제이 보고서〉나 기타 유럽인들의 성 문제를 다룬 자료들을 인용하지 않더라도 이탈리아인 남녀는 겉으로 보면 금방 알 수 있는 몇 가지 특징이 있다.

우선 남자들이 느끼할 정도로 잘 생겼다. 커피 가게에서 커피를 만들거나 버스를 운전하는 아저씨, 그리고 거리의 청소부들이 선글라스를 끼고 일하는 모습을 보노라면 프랑스 배우 알랑 드롱을 보는듯한 착각이 든다. 그러나 그들은 십중팔구 동양계 여성들에게 추파를 보내는 그렇고 그런 아저씨에 불과하다. 그래서 이탈리아에서 남자가 방송계에 진출하기 위해서는, 실력이 뒷받침되지 않으면 절대 외모만으로 성공할 수 없는 묘한 분위기가 있다.

두 번째는 남자들이 일 때문에 가정을 버릴 정도로 바쁘지 않을 뿐만 아니라, 때론 지나칠 정도로 가정적이다. 그렇다고 앞서 이야기한 것처럼 낭만적인 애인은 되지만 좋은 가장이 되기는 힘들다는 이야기를 뒤집는 것은 아니다. 이탈리아에도 정규적인 노동 시간은 정해져 있고, 우리나라처럼 밤 문화가 거의 존재하지 않아 이탈리아에서 유부남이 할 수 있는 일은 그리 많지 않기 때문이다.

세 번째로 이탈리아 남성들은 어머니에 대한 애정이 남다르다. 부모 중 아버지보다는 어머니 지향적이어서 심지어 결혼 이후에도 모든 것을 어머니가 간섭하거나 어머니와 상의한다. 이런 이유 때문에 이탈리아인들은 유럽 남자들 중에서 가장 오래

천 의 얼 굴 을 가 진 이 탈 리 아

도록 부모님과 함께 산다.

이에 반해 이탈리아 여성들은 남성들과는 다른 면이 있다. 자존심이 비교적 강한데, 그 이면에는 허영심도 강하게 자리 잡고 있으며, 성격도 여느 유럽 나라의 여성들보다 강하고 주장이 확실하다. 지방에 따라 외모가 조금씩 다른데, 이는 여러 인종이 오래전부터 섞여 있게 된 결과이다. 북부로 갈수록 게르만이나 중부 유럽의 인종들과 비슷하며, 중부는 전형적인 라틴족이 많고, 남부로 내려갈수록 키도 작고 통통한 체형의 여성들을 만날 수 있다.

따라서 지역에 따라 여성의 성격이 다르게 나타나지만, 몇 가지 점에서는 공통점을 보인다. 대부분 질투심이 많고, 자신이 예쁘다고 생각하는 여성들이 많아 공주병이 심한 편이다. 자기 중심성이 강한 여성들도 많지만, 반대로 남성 의존적인 여성들도 많고, 가부장적 사회 안에서 소극적이고 아이들과 가정을 위해 헌신하는 여성들도 다른 유럽 나라에 비하면 많은 편이다.

그러나 이탈리아 남성과 여성은 결혼만큼은 신중한 편이다. 오랜 기간 연인관계로 지낸다고 해서 꼭 결혼을 해야 한다고 생각하는 것은 아니고, 동거를 먼저 하거나 오래도록 연인관계로 지내는 것을 선호하는 이들이 많다. 또한 결혼을 하더라도 자식을 꼭 낳아야 한다고는 생각하지 않으며, 자신들의 인생을 즐기는데 관심이 많은 편이다. 또한 조금은 허영심이 있어서 결혼식을 비교적 성대하게 치른다. 우리나라의 최근 결혼 풍습을 보는 것과 같은 정도로 미리 사진첩을 만들고, 혼수 장만, 성대한 연회 등을 필수적으로 생각하는 젊은이들이 많아졌다.

결혼식은 보통 두 곳에서 진행한다. 한 번은 성당에서 신부 주례로 친지들을 모아 놓고 성대하고 거룩하게 진행하며, 다른 한 번은 시청이나 자신이 살고 있는 지역의 관공서 결혼 담당 공무원 앞에서 증인들과 함께 법적 서명과 절차를 거치는 식으로 간략하게 한다.

결혼식이 끝나면 신랑과 신부가 택한 장소—대개는 식당—에서 하루 종일 먹고 마시면서 축하한다. 이탈리아 유학 동안 두 번 결혼식에 초대받았는데, 종일 먹고 이야기하면서 피로연을 보냈던 기억이 눈에 선하다. 보통은 신랑 신부가 초청한 이들만이 지정된 테이블에 앉을 수 있기 때문에 우리나라처럼 결혼식 참석자 모두가 피로연에 가지는 않는다.

축의금을 받지는 않지만, 정성스레 준비한 선물은 받는 것이 일반적이다. 식이 끝나면 신혼여행을 가는데, 그 기간이 상당히 길다. 신혼집은 월세나 할부 방식으로 남자가 준비하는 것이 보통이지만, 신랑 신부가 모두 일을 하면 일정 기간 할부금을 납입하는 형식으로 미리 집을 구하기도 한다.

집들이는 가족과 친한 친구들과 집에서 저녁을 먹는 것으로 하며, 요란하게 준비하지는 않는다. 그러나 최근에는 유럽 경제가 침체에 빠지면서 천유로 세대가 등장했고, 유럽의 다른 나라들보다 높은 실업률 30대 혹은 40대까지 부모에게 얹혀살거나 결혼을 아예 못하는 젊은이들도 상당히 많아졌다.

천 의 얼 굴 을 가 진 이 탈 리 아

젊은이들의 연애와 성에 대한 개방성은 북부와 도시가 비교적 높은 편이고, 남부와 농촌은 여전히 보수적인 면을 보이고 있다. 이탈리아 젊은이들이 선호하는 이성과의 만남은 스스로의 선택이다. 곧 우리나라처럼 소개팅 문화나 중매 전문 회사가 있거나, 혹은 맞선을 주선하는 경우는 거의 없다고 봐야 할 것이다. 간혹 귀족 가문이나 명망가에서는 오래 전부터 관계를 맺어온 가문끼리 자연스럽게 아이들을 사귀게 하는 경우가 있지만, 이것도 부모가 전적으로 결정하여 주지는 않는다.

젊은이들이 이성을 만나는 장소는 어디일까? 생각보다 멀리에서 찾지는 않는다. 자신들의 주거지 밖에서 여성을 만나는 경우는 극히 드물고, 연애를 위해서라면 주변 지역, 예를 들면 오랫동안 함께 지낸 학교나 일터, 동네 친구들, 또는 나이트클럽이나 팝, 바 같은 곳에서 이성을 구하기도 한다.

이탈리아 젊은이들은 학생이거나 사회에 일찍 진출하여 일을 하는 노동자이거나 대부분 금요일 저녁을 그냥 보내지는 않는다. 공부나 일을 마치고 친구들과 만나 저녁을 먹거나, 혹은 집에서 저녁을 먹고 팝, 바 같은 곳에서 간단하게 맥주나 음료를 마시면서 잡담과 수다로 시간을 보낸다. 그리고 특히 주말에는 저녁에서 밤으로 넘어가는 시간이 되면—12시 전후—친구들과 춤을 추러 가는 것이 일반적이다. 나이트클럽 같은 곳에서 새벽 4~5시까지 춤추며 놀고, 간혹 그곳에서 만난 이성과 하룻밤을 보내기도 한다. 연인들은 주로 둘만의 시간을 보내면서 주말을 즐긴다.

최근 이러한 젊은이들의 일상이 경제 상황으로 조금씩 변화하고 있지만, 여전히 많은 젊은이들이 주말을 그렇게 보내고 있다. 현재의 이탈리아 젊은이들은, 다른 유럽 나라들의 젊은이들도 마찬가지겠지만, 꿈과 희망이 별로 보이지 않는 현실 때문에 좀 더 안정적으로 정착하고, 성공에 대한 야망보다는 그저 남들보다 조금 더 돈을 받을 수 있는 직장이 꿈인 시대에 살고 있다. 부모 세대보다는 월등히 풍요로운 환경에서 자라났지만, 부모 세대가 꿈꿀 수 있었던 희망이나 기대는 사라진 세대인 것이다.

　베네찌아가 카사노바의 도시만이 아니라는 점은 충분히 설명했는데, 최근 베네찌아가 우리나라 국민들에게 주목받고 있는 이유는 바로 영화의 도시라는 점이다. 김기덕 감독을 시작으로 한국 영화가 각광을 받기 시작한 베네찌아 영화제는, 최근 박찬욱 감독의 〈친절한 금자씨〉에 주목하면서 한국인들에게 더욱 친근한 영화제가 되었다. 유럽 영화들은 제 나름의 색깔들을 갖고 있는데, 이탈리아 역시 '이탈리아 영화'라는 자기만의 색깔을 갖고 있으며, 그런 영화들을 세계적 수준에서 조직했던 것이 베네찌아 영화제이다.

　그러나 차츰 친미적 성향을 갖기 시작하면서 영화의 상업성 문제가 부각되고, 전통 이탈리아 영화제 성격에서 벗어나는 것이 아닌가하는 우려가 있다.

　베네찌아 영화제에서는 이탈리아 지식인들이 사회변혁 운동의 흐름에 동참했던 역사적 사건이 발생하기도 했다. 68운동이 한창이던 1968년 3월, 베네찌아 영화제에서 많은 영화인들이 영화제 자체의 파시스트화와 지나친 상업성을 비난하고, 105명의 이탈리아 영화인들이 영화제 본부에서 항의 성명서를 낭독하고, 대회 당일 산 마르꼬San Marco 광장까지 시위를 하는 일이 발생했다. 그리고 이 시위를 경찰이 무력 진압함으로써 수십 명의 기자, 영화인들, 시민들이 부상당했다.

이 사건은 행동하는 이탈리아 지식인들이 기폭제 역할을 한 것으로 평가된다. 이 그룹에는 베르똘루치Bertolucci 감독과 페레리Ferreri, 마젤리Maselli, 자바띠니Zavattini 등의 영화인들이 있었다. 이는 이탈리아 영화가 갖는 사회성과도 밀접한 바, 이 사회성은 오늘날까지 면면히 이어져 내려오고 있는 이탈리아 영화의 독특한 성격이다.

그러나 베네찌아에는 여전히 인종차별적인 사고나 지방색이 너무 강한 면이 있다. 북부 분리주의 운동의 중심 역할을 하고 있는 점도 베네찌아가 갖는 이중성을 여실히 드러낸다.

이런 베네찌아가 속한 주가 베네또이다. 베네또에는 로미오와 줄리엣의 고향인 베로나Verona와 아름다운 중세 도시 빠도바Padova 등 수많은 볼거리가 있는 크고 작은 도시들, 다양한 문화행사, 유적지들이 산재해 있다. 로마, 피렌체 등과 함께 이탈리아를 대표하는 도시로 인정받고 있는 베네찌아는 형형색색의 유리세공이 발달한 곳이자, 매년 2월에 개최되는 사육제, 2년마다 열리는 베네찌아 비엔날레, 매년 열리는 영화제로 유명하다.

베네찌아와 함께 베네또 주를 대표하는 도시가 베로나이다. 베로나는 셰익스피어가 로미오와 줄리엣이라는 청춘남녀의 아름다운 사랑을 그린 배경이며, 2천 년 전 로마시대의 원형극장에서 매년 한여름의 오페라 축제가 열려 세계인의 사랑을 받는 곳이다. 또한 이곳에서는 매년 이탈리아에서 가장 유명한 와인 박람회가 열린다. 4월에 열리는 이 와인 박람회는, 이탈리아를 대표하는 와인을 비롯하여 세계 유명 와인들도 함께 참여하기 때문에 애호가들에게 세계의 명품 와인들을 한 자리에서 맛볼 수 있는 좋은 기회를 제공한다.

이 지역은 정치적으로도 최근 많은 주목을 받고 있다. 북부 분리주의 운동을 주도하고 있는 북부동맹Lega Nord의 주요 도시들이 밀집한 지역이기 때문이다. 북부 분리운동을 지지하는 이들은 주로 자영업이나 서비스업에 종사하는 사람들이 많은데, 대개 어려서부터 일찌감치 직업전선에 뛰어들어 오로지 돈을 인생의 목표로 삼았던 이들이 대부분이다. 그들은 세금을 많이 내는 북부 사람들이 남부를 위해 왜 자기들의 세금을 사용해야 하는지 이해하지 못하고 있으며, 이 기회에 아예 갈라서겠다는 생각으로 북부 분리를 주장하고 있다.

베네찌아라는 찬란한 해상도시와 베로나라는 문화도시, 그리고 예술의 보고 빠도바가 있는 베네또 주가 혼란스럽게 비춰

지는 이유는, 바로 그 아름다운 도시들 내면에 감추어진 이중성 때문인 것이다.

　게르만의 문화적 흔적과 로마의 문화적 흔적이 겹쳐 있고, 인종적으로도 이탈리아의 주류인 라틴계와 그다지 닮은 데가 없다. 그래서 이탈리아로부터의 독립이 정치적 목표인 이곳은 현대 이탈리아의 모든 문제가 복합적으로 얽혀 있는 상징성 때문에 더욱 이방인들에게는 독특한 지역이다. 베네또를 알면 오늘의 이탈리아를 알 수 있다!

Chapter 05

너무나 반이탈리아적인
뜨렌띠노 알또 아디제

TRENTINO
ALTO-ADIGE

볼짜노 부근의 포도밭 풍경

TrentinoAlto-Adige

유학 중에 알고 지내던 친구 중에 뜨렌띠노 알또 아디제 출신의 약혼자가 있던 동료가 있었다. 두 사람은 너무나 사랑하는 사이였고, 둘 모두 결혼을 원했지만 결국 결혼에 이르지 못하고 그냥 동거를 하게 되었는데 사정인즉 이러했다. 뜨렌띠노 알또 아디제 주 출신인 여자 집안에서 토리노 출신 '이탈리아인'과의 결혼을 반대한다는 것이었다.

이탈리아 안에서 이탈리아인들끼리 결혼하는데 결혼 상대자가 이탈리아인이라서 결혼이 안 된다는 말을 듣고 상당히 의아했고, 또 놀랐다. 어째서 이런 일이 벌어질 수 있었던가를 이해하는 데에는 상당한 시간이 필요했다. 이탈리아인과의 결혼을 반대하는 집안이 많은 곳이 바로 뜨렌띠노 알또 아디제 주다.

북쪽으로 스위스와 오스트리아를 끼고 있는 이 주는 알프스를 따라 산세가 아름다우며, 특히 스키로 유명하다. 낙농업이 발달해 있으며, 이탈리아에서 가장 게르만 계통의 영향, 특히 오스트리아의 언어와 풍습의 영향을 많이 받은 주이다. 그래서 아직도 이곳은 독일어가 제2의 국어로 사용되며, 이 지방의 방언 역시 독일어의 영향을 상당히 받았다. 지리적으로는 이탈리아에 속해 있지만, 문화적으로는 게르만 문화권에 속해 있다고 할 수 있을 정도로 독특한 이탈리아 주이다.

더욱이 볼짜노Bolzano를 중심으로 하는 북부의 볼짜노 쁘로빈치아와 남부의 뜨렌띠노 쁘로빈치아 현은 각각 자치권을 가지고 있을 정도로 언어와 인종, 문화와 행정 등 모든 면에서 다른 주들과는 차이가 있다.

지방자치의 전통이 오래 되지 않은 이탈리아에서 재미있는 사실의 하나는 20개 주의 헌법적 지위가 동일하지 않다는 점이다. 좀 더 쉽게 이야기하면 개개의 주마다 그 특수성을 인정해서 헌법에서 정해준 법적 성격이 다르다.* 그런 면에서 가장 독특하고 특수한 곳이 바로 뜨렌띠노 알또 아디제 주다. 자연환경과 인종적이고 언어적인 이질성 외에도 이 지역은 이탈리아적이라는 단어가 별로 어울리지 않는 곳이다. 이곳 출신이 다른 이탈리아 지역의 이성과 결혼하는 것조차 온 가족이 말릴 정도로 이탈리아화 되는 것에 강한 거부감을 나타낸다. 실제로 앞에

---

*　이탈리아에는 헌법에 보장된 지방 행정단위로서 큰 주가 20개 있다. 그러나 20개 주에는 지방자치의 독립성과 자치성의 기준에 따라 헌법에서 부여한 일반주(삐에몬떼, 롬바르디아, 베네또, 리구리아, 에밀리아 로마냐, 또스까나, 움브리아, 마르께, 몰리제, 아브루쪼, 라찌오, 깜빠냐, 깔라브리아, 바실리까따, 뿔리아) 15개와 5개의 특별주(발레 다오스따, 뜨렌띠노 알또 아디제, 프리울리 줄리아 베네찌아, 시칠리아, 사르데냐)가 있다.

서 이야기했던 것처럼 뜨렌띠노 알또 아디제에서는 결혼에서 순수 혈통을 지켜야 한다는 인종적 편견과 우월주의에 빠진 사람들이 많이 있다.

그러나 이 사실만 빼면 꽤 괜찮은 곳이다. 빼어난 자연경관과 휴식 공간이 즐비한데 특히 온천과 스키장이 유명하다. 천혜의 스키장이 즐비해 이곳 어린이들은 걷기만 하면 스키를 탈 수 있다는 말이 돌 정도로 스키가 지역 주민의 스포츠이자 생활이다. 이 지역 출신 스키 선수들이 이탈리아뿐만 아니라 유럽에서도 유명한 것은 이런 이유 때문이다.

그런데 이 지역 출신 스키 선수들 중에는 국가대표 선발을 거부하는 경우가 종종 있다. 이탈리아의 국가대표 스키 선수보다 알또 아디제주의 스키 선수가 더 좋다고 할 정도로 이 지역의 반이탈리아적 정서와 문화가 이해되지 않는다.

이곳이 이탈리아에 통합된 것은 순전히 정치·외교적 이유 때문이었다. 제1차 세계대전에 참전하였던 이탈리아는 신생 독립국이었음에도 연합국에 가담하여 승전국이 되는 기쁨을 누렸다. 그러나 승전의 대가로 요구하였던 피우메의 합병, 달마시아는 연합국들의 우려와 견제로 획득에 실패했고, 이에 대한 보상이 당시 오스트리아 점령지로 남티롤이라고 했던 알또 아디제 지역이었다. 그런 점에서 볼 때 뜨렌띠노 알또 아디제주 문제는 이제 막 통일을 이룬 신생 이탈리아가 유럽의 외교무대에 등장하면서 보여주었던 위상과, 유럽 내에서의 역학관계를 보여주는 것이었다.

그러나 어찌하랴, 그런 이질성이 이탈리아의 특징이자 즐거움인 것을! 현재 이탈리아 안의 게르만 문화를 대표하는 이 지역은 오랜 역사적 이질성과 북부 특유의 자연경관이 아우러져 찾는 이들의 눈을 즐겁게 해준다. 이탈리아 특유의 조각 같은 모습의 사람들이 아니라 금발에 파란 눈을 가진 북구인을 연상시키는 이들이 이 지역에는 많다. 그러므로 이 지역을 방문하면 또 다른 이탈리아를 즐길 수 있는 것이다. 높은 산등성이와 오스트리아식 건축 양식으로 지어진 색색의 집들을 보고 있노라면 이탈리아인지 오스트리아인지 애매하다. 이 동네의 티롤 양식 건축은 우리나라 무주리조트 본관에서 볼 수 있다.

알또 아디제 주를 보면서 우리가 생각할 수 있는 것은 다문화 사회와 외국인에 대한 이탈리아의 대응 방식이다. 이탈리아의 어느 도시를 가더라도 쉽게 외국인들을 마주친다. 방방곡곡이 관광지라는 특성 때문이기도 하지만, 많은 외국인들이 이탈리아에 거주하고 있는 것도 그 원인이다. 특히 외국인 노동자 문제는 현재 이탈리아의 사회적 고민을 진솔하게 볼 수 있는 척도이다. 이방인들과 함께 살아가는 이탈리아 사회의 다문화주의는 이제 그 길에 막 들어선 우리에게도 좋은 거울이 될 것이다.

유럽의 다문화주의는 미국, 캐나다와 같은 전통적 다문화주의 국가와는 좀 다른 모습을 띠고 있다. 다민족으로 구성된 사회도 있기는 하지만, 대개 유럽 국가들은 오랫동안 지배하고 있던 식민지에서, 또는 경제 발전기에 값싼 노동력을 대체하기 위해 외국인들을 받아들였다. 따라서 유럽의 다문화사회는 노동자 이주와 상당히 관련이 있으며, 주로 3D 직종에서 허드렛일을 담당하는 이들을 외국인으로 채우고 있다.

이탈리아 역시 유럽의 다른 나라들과 유사한 경로로 외국인들이 유입되었다. 더구나 이탈리아는 북아프리카와 가장 근접한 유럽의 선진국이기 때문에 그 나라 사람들이 다른 유럽 나라들로 가기 위한 경유지이기도 하다. 그래서인지는 이탈리아에는 북아프리카와 중동으로부터 많은 이슬람교도들이 유입되었고, 최근에는 동쪽 국경을 통해 동유럽 출신 사람들이 들어와 거주하고 있다.

이탈리아에서 노동 비자를 받았거나 이미 거주하고 있는 외국인들은 합법적인 절차를 따라 비자를 획득하거나 영주권을 받은 경우이기 때문에 적정선을 유지하고 있다. 실제로 이탈리아는 매년 법령으로 상한선을 정할 정도로 엄격하게 외국인 노동자 수를 규제하고 있다. EU 국가들로부터 유입된 노동자들은 주로 고급 인력이기 때문에 특별한 규제나 규정으로 통제받고 있지 않지만, 그 외의 외국인들은 상당한 규제와 엄한 처벌 규정을 통해 관리하고 있다.

그러나 법령으로 강제규정이 존재한다고는 하지만, 실제 외국인들의 거주나 장기 체류 문제는 비합법적인 측면이 강하다. 이탈리아의 외국인 수는 2000년을 기점으로 줄어들고 있는데,

비공식적이거나 불법으로 체류하고 있는 외국인 수는 오히려 2000년을 기점으로 증가하는 추세이다. 이렇게 된 몇 가지 이유가 있다.

첫째는 유럽 통합이 속도를 내면서 유럽 내 국경이 사라지고, 국가와 국가 간의 이동에 아무런 장애가 없어지면서 비유럽 국가 국민들의 유럽 내 이주를 더욱 용이하게 하였다. 또 이탈리아는 3면이 바다이고, 동쪽으로는 동구 국가들과 인접해 있어 유럽의 어느 나라보다 국경 진입이 쉽다. 곧 별다른 검문이나 통제 없이 입국하기 쉬운 나라가 이탈리아이다.

둘째는 이탈리아의 산업구조상 값싼 임금을 기반으로 하는 외국인 노동자의 수요가 많다는 점이다. 이 점은 다른 유럽 국가들과 별반 다를 것이 없지만, 이탈리아의 경우 북부는 중소기업, 식당이나 바와 같은 서비스 업종에서 불법계약에 의한 외국인 노동자 수요가 많은 편이고, 포도와 토마토, 올리브 농사와 같은 1차 산업이 널려있는 남부에서도 연중 농작물 수확에 필요한 저임금 노동력을 외국인 노동자들을 통해 해결하고 있다는 점에서 끊임없이 외국인들이 이탈리아를 향하게 하는 원인이 된다.

최근에는 중국을 비롯하여 필리핀, 파키스탄과 같은 아시아계 사람들, 페루 등 남미인들까지 불법 체류하면서 외국인 노동자 문제가 커다란 국가적 과제로 제기되었다. 그리고 우파 정당들은 이들에 대한 통제와 추방을 정강정책으로 내세워 우파를 결집하는 전략으로 활용하고 있다.

이와 같이 외국인 노동자가 증가하면서 여러 도시들의 외곽 지역을 중심으로 특정 외국인들이 집단 거주, 하나의 마을이 형성되어 그들의 공동체 문화와 상권이 성장하고 있다. 그 대표적인 도시가 쁘라토Prato이다. 피렌체 북쪽에 위치한 이 도시는 모방 직물을 전문적으로 생산하는 대표적 산업도시이다. 그런데 이곳에 어느 시기부터 중국인들이 모여 살기 시작하면서 거대한 차이나타운이 형성되고, 이 지역 중소기업들이 하나 둘 중국인 소유가 되면서, 이제는 이탈리아인과 중국인이 반반에 이를 정도로 이탈리아 속의 중국 사회가 되어 가고 있다.

이탈리아의 다른 도시들에서도 우후죽순으로 늘어나고 있는 중국식당이나 각종 상점들 역시 중국인들이 점차 그 지역의 상권을 장악하고 있다는 의미로 해석될 수 있다. 이외에도 여러 도시의 외곽에는 집시들이 집단 거주하는 곳이 자리 잡고 있으며, 도시 내 슬럼가에도 북아프리카 난민들이나 불법 체류 외국인들이 집단으로 거주하고 있는 모습을 볼 수 있다.

이와 같은 상황에서 이탈리아의 다문화사회, 다문화정책은 대부분의 정당들로 하여금 유권자들의 지지 획득에 필수불가결한 정책적 기준과 강령이 되었다. 곧 이탈리아 다문화사회와 다문화주의의 이런 복잡성은 이 문제를 바라보는 각 정당의 시각 차이를 뚜렷하게 하는 동인이 되었고, 실제로 좌파 정당들과 우파 정당들의 다문화정책 기조나 내용 등에는 분명한 차이가 있다.

좌파 정당들은 외국인 노동자들의 영주권 획득 절차와 과정을 법으로 규정하여 보다 체계적이고 공식적인 방식을 통해 외국인 노동자들을 순응시키려는 정책기조를 편다. 그러나 우파 정당들의 이민법은 이민 자체를 어렵게 하고, 통제와 자격심사 등을 어렵게 하거나 불법 체류자에 대해서도 처벌 중심의 규제와 통제 강화를 기조로 삼고 있다. 베를루스꼬니 정부의 등장이후 이와 같은 경향이 뚜렷하게 나타나고 있다. 2008년 새로운 이민법은 루마니아 게 집시들의 대대적 추방을 명시하고 있다.

정권에 따라, 법령에 따라 이탈리아의 다문화주의 정책기조는 다소 변화가 있지만, 여전히 외국인 노동자 문제는 법규를 넘어 여러 가지 문제점을 야기하고 있다.

무엇보다도 이탈리아인들과의 문화적 갈등이 깊다는 것이다. 대개의 이탈리아인들은 외국 문화에 무지한 편이어서 상대성을 인정하는데 생각보다 개방되어 있지 않다. 동시에 이탈리아의 외국인들도 이탈리아 문화에 동화되거나 수용하는 데에 인색한 편이다. 이 복합적 현상 때문에 현실에서 부닥치는 여러 문제들이 사회 갈등의 요소로 드러나고 있다. 이와 같은 갈등은 이슬람을 믿는 이들과 중국인들의 강한 민족주의 성향에서 두드러지게 나타난다.

또 다른 사회문제는 외국인 노동자들이 담당하고 있는 노동력의 대체이다. 이탈리아 기업의 대외경쟁력은 외국인 노동자들

천의 얼굴을 가진 이탈리아

이 감당하고 있는 값싼 임금이 무시 못 할 요인이다. 실제 우파들의 이민 규제방침은 이탈리아의 산업 경쟁력에 도움이 안 된다고 주장하는 기업인들이 많다.

더구나 이탈리아는 대표적인 저출산 국가로, 이탈리아의 순 출산율은 마이너스이다. 곧 이민자들의 출산율이 계상되지 않는다면 현재의 인구조차 유지하기 어려운 나라이다. UN 보고서의 이탈리아 인구 통계에 따르면, 현재 5,700만 명의 인구는 2050년에는 4천만 명으로 감소할 것이라고 예측한다.

더욱 심각한 것은 이탈리아의 열악한 노동환경과 갈수록 저하되는 삶의 질 때문에 이탈리아를 떠나 외국에서 생활하고자 하는 국민들이 점점 늘어난다는 점이다. 그리고 이민법을 악용하는 악덕업주들이 늘어나면서 외국인에 대한 임금 체불이나 임금 탈취 등의 폐해가 뒤따르고 있는 실정이다.

결국 이러한 복잡하고 다양한 문제점으로 인해 이탈리아 사회의 다문화주의는 뜨거운 감자와 같은 정책이자, 마땅한 해결책을 구하기 어려운 문제로 대두되고 있다. 그러나 법규나 정책의 강제성과 엄격함에 비해, 실제 상황에서 외국인들은 그리 큰 어려움 없이 생활한다. 추방이나 엄격한 통제가 정책 방향이기는 하지만, 실제 법을 집행하는 과정에서 일률적으로, 혹은 강제성에만 초점이 맞추어지지는 않기 때문이다.

추방 절차가 복잡한데다 추방 업무를 맡고 있는 경찰도 그다지 적극성을 보이지 않고 있다. 정상 참작을 비롯한 여러 이유로도 추방이 제대로 진행되는 경우가 드물다. 계도와 경고와 같은 현장 통제와 조치 위주로 진행하고 있으며, 외국인 노동자들도 현행범이 아니라면 경찰의 조치에 순응하고 있기 때문이다.

또한 이탈리아의 많은 시민단체들이 외국인 노동자들의 인권과 권리 보장을 위해 노력하고 있다. 그리고 이들이 정착할 수 있도록 도움을 주는 사회기관도 많아 불법 체류 딱지를 쉽게 뗄 수 있다. 이 때문에 법규의 강화나 개정이 크게 효율성을 발휘하지 못하고 있고, 이것도 외국인 노동자들이 줄어들지 않고 있는 이유의 하나이다.

어느 나라나 마찬가지이겠지만, 외국인을 보는 두 개의 시선은 다문화주의의 의미와 그 대책을 이해하는 지름길일 것이다. 외국인을 우리 삶의 동반자이자 피할 수 없는 공생의 존재로 인식하는 시각과, 외국인에 의해 우리가 일그러지고 피해를 볼 수 있는 존재로, 곧 기피와 배제의 대상으로 인식하는 시각에 대해 어떻게 접근하는 것이 바람직할 것인가는 사람마다 다를 것이다.

그러나 분명한 것은 두 시각 모두 지나치게 극단적인 방향에서 보게 되면, 모두 문제를 발생시킬 수밖에 없다는 점이다. 지나치게 온정주의적이거나 반대로 지나치게 배제적인 태도 모두 세계에서 살아가는데 그리 도움이 되지 않는다는 사실을 명심해야 한다.

우리나라에 살고 있을 때는 우리 민족이나 국민이라는 말을

천 의 얼 굴 을 가 진 이 탈 리 아

할 수 있지만, 밖으로 나가면 우리 역시 외국인 중의 하나가 될 수밖에 없는 이중적 세계인의 신분이다. 이 점을 잘 이해하는 것이 다문화사회와 다문화주의에 적절하게 대처할 수 있는 기준이다.

ITALIA

천의 얼굴을 가진 이탈리아

Chapter 06

산업과 노동의 도시 또리노, 통일의 주역 삐에몬떼

TORINO & PIEMONTE

유럽에서 가장 높은 수도원으로 알려진 또리노 주변에 있는 사끄라 산 미켈레 전경

Torino & Piemonte

삐에몬떼는 우리나라의 충청북도와 자매 결연을 맺은 주다. 2006년 동계 올림픽 개최지인 또리노Torino가 주도이며, 이탈리아 최대 자동차 기업 피아트Fiat 본사가 위치해 있다. 전통적으로 포도주와 목축, 유가공 산업이 발달한 곳이다. 삐에몬떼 주는 근대현대사에서 아주 중요한 곳이었다. 이곳을 지배했던 사보이 왕가는 프랑스계로 오래 전부터 프랑스의 영향을 많이 받았으며, 나폴레옹 시대에는 나폴레옹이 이곳에 자주 머물렀을 정도로 프랑스 문화가 압도적이었다.

이후 이탈리아에서 최초로 산업혁명을 경험했으며, 이로써 기계산업과 섬유산업, 영화산업 등이 이탈리아에서 처음으로 탄생했다. 또 19세기 유럽의 민족국가 수립 열기에 영향을 받아 이탈리아가 통일국가를 지향할 때, 이곳을 지배하던 사보이 왕가는 현대 이탈리아의 근간이 되는 독립국 건설을 주도적으로 수행하였다.

주도인 또리노는 역사적·문화적으로 중요한 도시인데, 이탈리아 자동차 산업의 중심지라는 사실보다는 문화적으로 풍부한 역사성을 갖고 있기 때문이다. 로마제국 시대 프랑스와 북부 유럽을 정복하기 위한 중간 병참기지로 출발한 오랜 역사적 전통을 갖고 있으며, 군사기지를 만들기 위한 계획도시라는 점 때문에 다른 도시들과 다르게 직사각형으로 곧게 뻗은 도로구조를 갖고 있다.

한국인들에게 또리노는 너무 잘못 인식되어 있다. 피아트라는 이탈리아 최대 자동차 회사가 있기 때문에 '이탈리아의 울산'이라고 여기는 사람이 있고, 그저 공장의 굴뚝만 즐비한 산업도시의 하나라고 생각하기도 하는데, 모두 편견이다. 산업도시라는 면에서는 어느 정도 일리가 있을 수 있지만, 근본적으로 또리노를 보면 산업도시라는 의미 이상의 역사적 함의가 담겨 있다.

또리노에는 역사 전통만큼이나 중요하고 흥미로운 것들이 산재해 있는데, 세계에서 두 번째로 큰 이집트 박물관은 소장품의 양과 다양함에서 관람객들의 시선을 오래 동안 잡아두는 곳이다. 또 이탈리아 자동차 산업의 중심지답게 자동차의 역사를 한 눈에 볼 수 있는 자동차 박물관 역시 즐거움을 배가시켜 준다. 그 외 또리노의 랜드 마크로, 현재 영화박물관으로 사용되고 있는 몰레 안또넬리아나Mole Antonelliana는 꼭대기에 전망대가 있어 시내 전경을 한 눈에 내려다 볼 수 있는 명소이다.

또리노는 이탈리아에서 가장 긴 뽀Po 강이 시내를 관통하고 있다. 이 강 주변을 따라 자연스럽게 펼쳐진 크고 작은 녹지들, 시에서 가장 넓은 발렌띠노Valentino 중앙공원은 시민들의 안식처로 손색이 없다. 도시 전체가 프랑스 바로크 양식의 영향을 받아, 중심가의 많은 건물들이 바로크 풍을 하고 도열해 있으면서 그 아름다움을 극대화해 보여준다.

우리나라에도 널리 알려진 예수님의 성의聖衣 ─진품 여부를 떠나 역사적 의미를 갖는다─가 전시되어 있는 중앙성당도 흥미로운 곳이다. 그 외에도 협궤열차를 타고 올라갈 수 있는 수뻬르가Superga산 꼭대기의 성당은 또리노의 수호신처럼 위용을 자랑하고 있다. 여기서는 한 여름에도 눈 덮인 알프스를 볼 수 있는 색다른 즐거움이 있다.

또리노는 녹지 공간이 이탈리아에서 가장 많은 도시이다. 도시 곳곳의 크고 작은 공원과 푸르른 가로수들은 공업도시의 선입견을 날려버릴 수 있다. 공원에서의 산책과 사색의 문화를 뒷받침하는 것이 바Bar라는, 커피와 간단한 음료를 들 수 있는 가게이다. 커피, 음료수, 맥주와 함께 빠니노panino라고 하는 이탈리아식 햄버거나 간단한 요리를 파는 이곳은 사교와 대화의 장소로 많이 이용된다. 또리노에는 이런 바가 일반 가게에 비해 상당히 많다.

또리노는 이탈리아에서 거의 유일하게 산업혁명과 같은 급격한 경제적 변화를 겪은 도시이다. 곧 이곳에서 이탈리아 자본주의가 태동했으며, 계층과 계급이라는 근대적 개념의 사회구조가 확립되었다. 오늘날의 이탈리아 여러 산업 부문들이 태어난 곳으로, 영화산업이 여기서 시작되었고, 기계와 자동차 생산이 가장 먼저 산업화된 곳이다. 섬유산업이 가장 먼저 근대화된 곳이며, 초콜릿, 포도주, 커피, 치즈 등 식품산업이 특화, 발달했다. 오늘날에는 이탈리아 항공산업, 방위산업이 발달해 있는 지방이기도 하다.

이러한 산업적 배경으로 인해 또리노는 이탈리아의 어느 도시보다 노동운동과 관련이 깊다. 자본과 노동이 비교적 조화롭게 공존하고 있는 오늘의 또리노가 그 시작부터 평화롭게 출발한 것은 아니었다. 치열한 노동운동의 역사 속에는 우리에게도 낯설지 않은 그람시의 모습도 투영되어 있고, 극좌에서 극우까지 다양한 스펙트럼의 노동운동사를 갖고 있다.

여기에서 본격적으로 이탈리아의 노동운동과 노동자 투쟁사를 이야기할 수는 없지만, 이탈리아 노동운동의 흐름과 양상을 일견해 보면 오늘의 이탈리아 산업계의 내부 문제를 들여다 볼 수 있다. 그중 인상적인 사례는 필자가 유학 중에 겪었던 2002년 총파업 상황과 그에 대한 이탈리아 내부의 모습이었다. 우리가 전혀 상상할 수 없을 정도인 '경찰도 파업할 수 있는 나라'라고 하는 이탈리아의 총파업은, 여러 모로 노동의 의미와 이탈리아라는 나라의 사회상을 성찰할 수 있었던 중요한 경험이었다.

영화 〈벤허〉를 본 사람들이 강렬하게 기억하는 장면의 하나는 찰톤 헤스턴이 전차를 몰고 경기장을 도는 장면일 것이다.

천 의 얼 굴 을 가 진 이 탈 리 아

바로 그 경기장에 2002년 3월 23일, 300만^{이탈리아 노동조합 측 추산. 경찰은 80만으로 추산}명의 노동자와 시위자들이 모였다. 최근의 노동자 시위로는 최대 숫자가 운집하였다. 대중들이 구름같이 모인 이유가 있었다. 당시 이탈리아 정국을 뜨겁게 달구고 있었던 노동법 개정에 대한 항의집회였다. 이 날의 집회는 이탈리아의 세 노동조합^{CGIL, UIL, CISL}이 조직한 것으로, 4월 16일로 예정된 전국 총파업의 전야 집회에 해당되는 것이었다.

총파업의 쟁점은 노동법 제18조였다. 이탈리아 정부는 왜 그렇게 무리하게 노동법 제18조의 개정을 추진하게 되었는가? 이에 대한 설명은 당시 이탈리아의 사회상황과 노동운동 현황을 돌아볼 수 있는 계기가 된다.

베를루스꼬니는 2001년 총선 직전 분열되어 있었던 우파 여러 정당들을 돈으로 사들였다고 할 정도로, 기를 쓰고 자신의 정파 아래 결집시켰다. 동시에 3개 민영방송^{레떼 꽈뜨로 Rete 4, 까날레 친꿰 Canale 5, 이탈리아 우노 Italia 1}을 통하여 직간접적인 선거운동을 펼침으로써 총선에서 제1당이 되었다. 그리고 이탈리아 민족연합^{Alleanza Nazionale}, 북부동맹^{Lega Nord}, 가톨릭계 정파들이 결합하여 집권하게 된 이 우파 연정에는 많은 기업가들의 지원이 있었다.

우파 연정 중에서도 이탈리아 파시스트 정당의 후신인 국민연합과 나치즘적 성격이 강한 북부동맹은 베를루스꼬니 정권의 정책 방향을 가늠할 수 있는 중요한 지표가 된다는 점에서 국민들의 이목을 집중시켰다.

체제가 정비된 이후 베를루스꼬니는 기업가 출신답게 국가의 효율적 운영이라는 기치로 무려 40여 개에 달하는 법률의 '개혁'을 연두 시정연설의 화두로 던졌다. 이는 곧바로 노동법의 개정 논의로 이어졌다. 노동법 개정을 둘러싼 정부 대표단과 노동단체들의 힘겨운 협상이 계속되는 과정에서 정부가 기획하고 있는 제18조의 개정을 둘러싸고 첨예한 대립이 지속되었다. 결국 노동조합 3단체가 주최가 되어, 정부 입장의 변화를 촉구하는 집회 시위가 이 경기장에서 열리게 되었던 것이다.

문제가 된 노동법 18조는 노동자의 해고 문제를 다루고 있는, 해고의 이유 등에 대한 기본 조항이다. 이탈리아 노동법은 유럽의 여러 국가들과 마찬가지로 비교적 노동자들에게 우호적으로 되어 있는데, 베를루스꼬니 정부에서 이 조항을 일방적으로 개정, 개악하려 한 것이다. 곧 아무런 이유 없이도 해고가 가능하도록 법률을 '개혁'하려는 의도였다.

정부 협상대표인 노동부 장관 마로니Maroni는, 이 조항을 개정함으로써 노동시장의 활성화와 노동력의 효율성을 제고한다는 명분을 내걸었다. 그러나 실제로는 고용주 입장에서 해고를 자의적으로 할 수 있게 하고, 노동자의 신분 보장이 거의 불가능한 악법 중의 악법으로 회귀하려는 의도를 담고 있었다. 그래서 노동조합 3단체가 절대로 18조의 개정이나 수정은 타협의 대상이 될 수 없다고 강렬하게 저항하였고, 그래서 그와 같은 대규모 시위를 조직하였던 것이다.

이 날의 집회에서 노동조합 3단체가 제시한 주요 쟁점은 다음과 같았다:

첫째, 정부와 노동단체 대표 간에 진행되는 협상에는 정부의 불순한 의도가 깔려 있으며, 단독으로 18조의 개정을 추진하려는 음모가 있으므로 이를 시정할 것을 촉구한다.

둘째, 제18조는 타협이나 협상의 대상이 아님을 다시 한 번 천명한다.

셋째, 노동시장에서의 보다 명확한 법적 보호와 노동자 권리를 향상할 것을 요구한다.

넷째, 연금 문제를 재고해야 한다.

다섯째, 소수의 가진 자를 위한 법률 개정을 철회하라.

여섯째, 남부의 실업과 경제문제 해결에 적극적 의지를 보여라.

일곱째, 현재 진행되고 있는 학교 교육체계의 변경을 재고하라.

여덟째, 이주 외국인 노동자 문제의 인권적 해결을 촉구한다.

이 여덟 가지 쟁점들은 노동법 제18조와 관련된 것들이며, 이 조항의 개악을 막고 노동자의 신분 안정을 위해 총파업을 감행한 것이다. 그 즈음 노동부 정책자문관이었던 모데나Modena 대학 경제학 교수 비아지Viaggi의 테러 암살사건으로 인해 당분간 양측의 협상 가능성은 없었고, 격렬한 논쟁만이 지속될 수밖에 없는 상황이었다.

　노동조합의 집회 시위 뒤 가장 기억에 남았던 것은 당시 이탈리아의 대통령이었던 참피Ciampi의 다음과 같은 소감이었다. "시위는 민주주의의 소금이다." 집회 시위라면 처음부터 손사래를 치는 우리나라 정치 지도자들의 생각에 비추어 보면 이해할 수 없는 언급이었다. 그런 대통령의 생각을 존중이라도 하듯 이후 시위는 지속적으로 전개되었으며, 결국 20년 만의 총파업으로 이어졌다. 총파업에 대한 언론의 보도태도도 필자에게는 신선한 충격이었다.

　'정지된 이탈리아.' 소설 제목처럼 보이는 이 문구는 2002년 4월 17일자 이탈리아 주요 일간지들의 1면 톱기사 제목이었다. 서방 선진 8개국 중 다섯 번째 혹은 여섯 번째 경제규모를 자랑하며, 사회보장제도가 튼튼한 이탈리아에서 20년 만에 총파업이 실행된 사실을 알리는 이 기사 제목은 국가 전체를 정지시켜야 할 만큼 이탈리아 노동계의 상황이 무척 심각하다는 느낌을 갖게 한다. 이미 3월 23일 로마의 콜로세움 옆 전차 경기장에서 300만 명 참가 집회를 갖고 난 뒤였으므로 이 날의 총파업은 정치적·역사적으로 큰 의미가 있었다.

　2002년 4월 16일의 총파업도 이탈리아 3개 노조인 CGIL, CISL, UIL이 주도했다. 이 날의 총파업은 20개 주의 주도와 주요 도시에서 동시다발적으로 시행되었고, 노조 산하 지부나 작업장 단위별로 참가하였다. CGIL, CISL, UIL이 각각 집계한 자료는, 총파업에 300만 명 이상의 노동자들이 참가했으며, 평균 파업 참여율이 92%에 달할 정도로 전국적이고 대규모였던 것으로 평가하였다. *

또한 단위 사업장으로 100% 파업 참가율을 보인 곳도 수십 개가 넘었다. 규모 면에서나 호응도, 조직화 면에서 이탈리아 노동운동사에 한 획을 그을 정도로 조직적이고 의미 있는 총파업이었다고 이탈리아 노조 3단체는 자평하였다. 총파업에서 더욱 큰 의미를 부여할 수 있는 것은 파업에 관망적이던 젊은 노동자들의 주도적 참여와 대학생들의 동조가 높았다는 점이었다.

총파업의 요구사항은 4가지 정도였는데, 3월 23일 로마에서의 요구사항을 압축한 것이었다. 첫째 정부의 노동법 18조와 관련한 협상 대표단과 중재안에 명확히 반대한다는 입장이었으며, 둘째 사회보장제도에 대한 예산삭감에 분명히 반대한다는

---

* 주요 지역별 총파업 참여자 통계는 다음과 같다: 또스까나(Toscana)의 주도 피렌체 40만명 이상, 롬바르디아(Lombardia)의 주도 밀라노 30만명 이상, 에밀리아 로마냐(Emilia Romagna)의 주도 볼로냐 35만명 이상, 자동차 산업의 중심지로 피아트 본사가 있는 삐에몬떼(Piemonte)의 주도 또리노 15만명 이상, 이탈리아의 가장 작은 주 발레 다오스따(Valle D'Aosta)에서 4천명 이상, 조선업 노동자들이 주축인 리구리아(Liguria)의 주도 제노바 6만명 이상, 베네또(Veneto)의 주도 베네찌아 9만 명 이상, 프리울리 베네찌아-줄리아(Friulli Venezia-Giulia)의 우디네 2만 5천명 이상, 뜨렌디노(Trentino)의 볼짜노 1만 5천명 이상, 알또 아디제(Alto Adige) 5천명 이상, 움브리아(Umbria)의 주도 뻬루지아 2만 2천명 이상, 마르께(Marche)의 앙꼬나 3만명 이상, 라찌오(Lazio)주의 로마 25만 명 이상, 이탈리아 반도의 남동쪽 끝 뿔리아(Puglia)의 바리 6만 명 이상, 몰리제(Molise)의 깜뽀바쏘(Campobasso) 2만 명 이상, 아브루쪼(Abruzzo)주의 뻬스까라(Pescara) 3만명 이상, 문화의 보고 시칠리아(Sicilia)의 주도 빨레르모(Palermo) 10만 명 이상 등등이다.

점을 밝혔고, 셋째 고질적 지체지역인 남부의 발전과 고용촉진을 위해 보다 확실한 계획을 입안할 것을 요구하였으며, 넷째 CGIL, CISL, UIL 3단체가 제안한 조세, 교육, 사회정책 및 의료정책을 즉각 반영하라는 것이었다.

총파업이 국민적 공감대를 형성하며 성공적으로 실행될 수 있었던 몇 가지 요인이 있었다. 우선 정부가 추진하고 있는 노동법 18조의 '개혁'은 노동자뿐 아니라 전 국민이 자신의 생존권 문제로 인식하고 있었다. 이유가 없어도 해고가 가능하다는 사실은 자신뿐 아니라 언제라도 가족과 친지, 동료들에게 일어날 수 있는 것으로 제3자적 입장에서 방관하기 어려웠다. 두 번째 요인은 노선과 정책 등에서 이질적이었던 3개 노조가 일치단결하여 완벽한 조직력과 동원력을 발휘하였다는 점이다. 여기에 CGIL 의장 코페라티S. Cofferati의 능력에 대한 대중적 신뢰가 시너지 효과를 낳았다는 것이 전문가들의 공통된 평가이다. 셋째 베를루스꼬니 정부의 계속된 실정, 그리고 노동법 개악 추진 핵심 세력인 국민연합의 피니Fini와 북부동맹의 보시Bossi에 대한 반감 등이 어울린 요인이다.

그러나 이 요인들만으로 이탈리아 노동계의 현실과 배경을 이해하는 데에는 한계가 있다. 위에서 언급한 국민적 공감대란 모든 국민이 총파업을 지지한다는 의미보다는 사회 전체의 기조가 총파업을 이끌어 낼 수 있는 분위기였다는 표현이 옳을 것이다. 우리나라는 노동 자체를 천시하고 있어 파업에 대한 국민적 공감대 형성이 잘 되지 않는다. 언론과 정부도 생존권이나 인권으로서 노동권을 바라보지 않는다. 파업을 단지 '몇 푼' 더 받기 위한 급여투쟁으로 몰아간다. 이런 점은 유럽 나라들과는 기본적인 면에서 큰 차이가 있다.

이탈리아를 비롯한 유럽 국가들은 노동에 대해 한국의 유교적이고 전통적인 인식과 크게 다르다. 유럽에서는 급여의 많고 적고나 직종을 떠나 '일하는 이는 노동자'라는 생각이 확고하다. 반면 우리나라는 언제부터인지 '중산층'이라는 정부와 기업의 모호한 개념에 노동자들조차 심하게 휘둘리는 경향이 크다. 곧 우리나라의 노동자들은 재산의 다소를 기준으로 하는 중산층 안에서 '일하는 사람'이기를 바라고 이에 준하여 행동한다. '노동자'로서 자신의 신분이나 권리를 추구하려는 의식이 많지 않은 것이 우리 현실이다.

총파업에 대한 이탈리아 언론의 보도태도는 우리나라의 상황과 비교해볼 때 너무나 부러웠다. 이탈리아에도 관제언론(베를루스꼬니 소유의 3대 민영방송과 1개 일간지)이 있으며 보수 신문이 없는 것은 아니지만, 총파업에 대한 기사에서 '위기감'이나 '공포심'을 자아내게 하는 제목이나 내용은 볼 수 없었다. 앞에서 언급한 '정지된 이탈리아,' '4월에 닥친 휴가 절정일' 같은 표현은—사안의 중대성에 비추어 보면 지나치게 가벼울 정도로—우리나라의 보도태도와는 극명하게 다르다.

우리나라에서 이 정도의 총파업이 벌어졌다면 어떤 기사 제목이 달렸으리라는 것은 누구도 예상할 수 있을 것이다. 이탈리아 언론은 노동자 측의 주장과 정부의 입장을 같은 비중으로 다룸으로써 최대한 국민들의 판단을 존중하였다.

이탈리아 노동운동이 하루아침에 이루어진 것은 아니다. 18세기 말부터 본격적으로 대두한 이탈리아 노동운동이 노조 활동의 권리를 완전히 획득한 것은, 68운동 이후 '뜨거운 가을Autunno Caldo'의 결과물로 얻어진 '노동자권리헌장'에 의한 것이었다. 이후 이탈리아는 모든 부문에서 노조가 결성되었으며, 중앙 차원의 노동단체만 10여 개가 넘고, 산별이나 지역에 따라 40개가 넘는 노조가 활동하게 되었다. 검사노조, 판사노조, 경찰노조 등 우리나라에선 상상할 수 없는 분야의 노조도 존재한다.

이렇게 이탈리아가 '노조의 천국'이 된 것을 좋고 나쁨의 기준에서 이야기할 수는 없고, 또 그런 판단이 필요한 것도 아니다. 노동이라는 것이 삶의 중요 부분이며, 인간의 중요 권리라는 사실을 인식하면 되는 것이다.

노동자의 권리 요구는 금전적인 면에서의 비굴하고 이기적인 요구 사항이 아니라는 사실, 집단의 과도한 떼쓰기가 아니라는 사실에 대한 사회적 공감이 필요하다. 그렇다고 무작정 노동자의 권리만을 보호하고 보장하는 사회를 만들자고 하는 것은 아니다. 사회적 약자인 이들의 입장을 이해하고, 제도적으로 보호받을 수 없는 이들의 삶의 권리를 함께 생각하고 논의하는 분위기를 열 수 있는 사회가 되어야 한다는 것이다.

그것은 현재의 조그마한 양보이고 손해일 수 있지만, 결국 미래의 보장과 공동의 이익이 될 수 있다는 점에서 인식의 전환이 필요한 것이다. 기업가와 노동자 모두의 상생의 원칙과 공정의 규칙이 살아 있는 이탈리아 노동운동의 풍토는, 우리나라에서 최근 뜨거운 쟁점으로 떠오른 비정규직 문제에 대해서도 좋은 교훈을 줄 수 있다.

최근 한국사회 변화의 하나는—대다수 국민들에게는 그리 큰 변화로 인식되지 않고 있지만—복수노조 시대의 도래이다. 복수노조제도는 기존의 법에서 정한 노조 이외에 노동자 누구라도 노조를 설립하는 것이 합법이고, 이로써 설립된 제2, 제3의 노조를 합법으로 인정하는 것이다. 곧 하나의 기업이나 산별 안에 노동3권을 주창할 수 있는 주체로서 복수 이상의 노조를 인정한다. 이 법안의 통과 이후 무노조의 삼성이나 공무원 노조 등의 변화가 불가피하다는 면에서, 많은 변화의 파장이 길 수밖에 없다.

그러나 아직까지 국민들이 느끼는 변화는 극히 미미한 것으로 보인다. 우리 사회의 노동자에 대한 편향된 개념과 왜곡된 이데올로기적 방향 때문이 아닌가 싶다. 우리 사회에서 노동자는 작업복을 입고 고된 일을 하는 이들에 한정시키는 경향이 일반적이다. 따라서 노동자들의 이야기는 바로 그들만의 이야기이지 나의 이야기가 아닌 것이다. 더욱이 경쟁에 익숙하고, 안정된 사회생활과 편안한 직업을 원하는 요즘 세대의 인식까지 고려한다면 노동자나 노조의 문제는 딴나라 이야기가 된다.

노동문제는 민감한 사안이다. 그렇다고 노동문제에 눈을 감는다면 당대 사회의 구조와 내용을 이해하는데 한계가 있다는 점 또한 분명하다. 이탈리아는 오래전부터 노동사회의 귀감을 보여 온 나라이다. 우리 사회에 소개된 이탈리아 노동운동의 역사와 제도도 풍부하다. 노사정위원회도 네오-코포라티즘의 결과물인 이탈리아의 제도에 일정 부분 빚지고 있다. 1990년대 이후 이탈리아가 비교적 성공한 네오-코포라티즘 국가라는 점에서도 그렇고, 산별 협약구조, 사회적 협약 시스템, 공무원 노조 운동, 가상파업Virtual strike과 같은 제도 역시 이탈리아 노동운동의 특성이다.

이탈리아는 정치, 사회체계, 행정 서비스가 엉망인데도 불구하고 제대로 작동하는 메커니즘이 있다면 그것은 노동조직과 노동운동이다. 우리의 선입견으로 보면 이해될 수 없는 이야기일지 모르지만, 국가 능력에 비해 이탈리아 국민들이 그나마 인간적인 삶을 누릴 수 있는 것도 노동자와 노동조합운동의 특수성 때문이라 할 수 있다. 간략하게 이탈리아 노동운동과 노동조합에 대해 이야기해 보겠다.

이탈리아는 대표적인 네오-코포라티즘 '조합주의' 등으로 번역하지만, 적합한 번역은 아닌듯하여 그냥 코포라티즘으로 표기한다 국가이다. 이탈리아는 1990년대 이후 다른 유럽 나라들이 일찌감치 포기한 국가 주도의 코포라티즘을 실시하여 비교적 성공적인 시스템으로 정착시켰다. 19세기부터 노동운동이 치열하게 전개되었던 나라였지만, 실제로 노동3권을 보장받을 수 있었던 것은 68운동 이후였다.

그 뒤 많은 노조운동이 백가쟁명 식으로 벌어지면서 다양한 노동운동 방식이 발전을 거듭했다. 이탈리아의 네오-코포라티즘은 사회적 협의체 하에 노동과 자본, 그리고 국가가 공존하는 형태를 갖춘 제도이다. 실제로 많은 정치가들이 노조 지도자, 또는 기업에서 중추적 역할을 하던 이들 중에서 배출되기도 했다.

이탈리아의 사회적 협의제도의 특징은 사용자단체, 국가, 노동자 3자가 경제의 핵심 주체가 된다는 점이다. 이 세 주체 사이의 조화와 합의의 틀 안에서 노동정책과 산업정책의 방향이 설정되고 있다는 것은 큰 장점이다. 따라서 사회적 협의제도의 구조는 이 3개 주체에 대한 분석과, 이들이 어떤 방향을 갖고 있는 지를 보는 것이 중요하다.

여기에서 간단하게 국가와 사용자단체, 각 노조들의 일반적 운용과 작동 메커니즘, 각 주체들이 어떤 조직을 가지고 있으며, 아울러 이를 아우르는 3자협의체인 국가노동경제위원회 CNEL의 역할 등에 대하여 설명해 보겠다.

세계 노동운동의 흐름은 민간기업 중심 노조에서 공기업, 공무원 중심의 노동운동으로 바뀌었다. 이탈리아 역시 민간기업 노조보다는 공무원이나 국영기업 노조원들의 입김이 강한 편이다. 이탈리아는 검찰, 의사, 경찰까지도 노조가 있는 나라이기 때문에 이들 공공노조의 중요성은 상당하고, 이들의 사용자인

정부는 협상을 위해 다양한 국가사용자협의회들을 구성한다.

1990년대 이전에는 ASAP과 Intersid라는 정부측 사용자 기구가 공공부문 조합원들과의 교섭창구 역할을 했다. 그러나 1993년 법률에 따라 정부 대표자로 ARAN이 결성되면서 ARAN이 정부 측 입장을 대변하는 기구가 되었다. 특히 1990년대 후반 코포라티즘이 본격 가동되면서 ARAN의 중요성은 더욱 커가고 있다. 다시 말해 이탈리아 노동 분야에서 민간부문의 중요성이 약화되는 추세에 비추어 공공부문과 ARAN의 역할은 점점 강화되고 있는 것이다.

법적 독립기구인 ARAN은 공공부문과 공무원들의 전국단위 단체협약의 정부 측 대표 역할을 한다. 협상 체결을 목적으로 하지만, 그 외에도 협약과 관련한 제반 업무도 함께 맡고 있다. 이 기구는 노조대표 선출 관련 자료들을 관장하며, 단체협상과 관련한 정보와 자료 등을 수집, 분석하고, 조정과 역할 분담을 통하여 공공부문과 공무원에 대한 정부의 기본정책 수립에도 관여한다.

ARAN은 운영위원회와, 이에 업무적으로 긴밀하게 연관되어 있는 8개 영역대표위원회가 중요 역할을 한다. ARAN의 중추조직인 운영위원회는 5인으로 구성되며, 모두 정부 관련 단체에서 지명한다. 5인중 3인은 내각 수반인 총리가 공공행정무임소부와 재경부의 추천을 받아 임명하고, 1인은 주정부단체장협의회가 선임하며, 나머지 1인은 이탈리아 지방자치협회가 선임한다.

총리는 이들 중에서 1인을 의장으로 임명한다. 운영위원의 임기는 4년인데 연임이 가능하다. 행정 처리를 위해 사무요원을 두고 있지만, 필요하면 공공부문의 각 영역으로부터 임시직, 파견직 직원을 지원 받는다.

영역대표위원회도 중요한 역할을 한다. 공공부문 전체의 원활한 소통과 협의를 위하여 8개 부문에 설치되어 있는 영역대표위원회는 운영위원회와 함께 단체교섭의 조건이나 업무에 대해 긴밀한 협력관계를 유지, 협상과정의 전반 사항을 공유하고 있다. 이와 같은 구조로 인해 1990년대 말부터 공공부문 협상이 보다 효율적으로 진행되어 긍정적 평가를 받았다.

그러나 본질적으로 국가의 통제를 벗어나지 못한다는 제한성과, 주요 사항에 대해 빠른 결정이 어렵다는 점은 해결할 문제로 남아 있다. 또한 지방정부와의 갈등발생 소지를 항상 안고 있다는 문제점도 지적되고 있다. 그럼에도 불구하고 ARAN 구조는 이탈리아 코포라티즘의 주요 축으로 작용하고 있다는 평가를 받는다.

민간부문에서는 CGIL, CISL, UIL 등이 중요한 전국 차원의 노동조합이다. 이탈리아는 이 세 개의 전국조직 이외에도 Cobas 등 수많은 산별 조직들이 존재하고 있는, 노동조직의 천국이라 할 만하다.

기존의 3대 노총 중심의 노동운동은 1970년대 이후 자율노조와 독립노조들이 등장하면서 다양하고 독특한 입장과 노선으로 분화하였다. 기존 조직에 대해 불신을 표출하면서 새롭게 조직된 노동조합이 Cobas하층위원회, Comitati di base이다.

공공부문에 대한 기존 노총들의 전술을 비판하며 등장한 이들은, 정부와의 1987년 협상과정에서 강경 입장을 유지하였다. 이들의 활동은 기존 노동조직의 세력 축소와 대표성 훼손이라는 부정적 효과를 야기했다. 정부 입장에서도 이들의 요구가 지나친 재정적자와 인플레의 위험을 야기할 수 있어 받아들일 수 없는 처지였다. 그럼에도 불구하고 Cobas는 1987년 협상 기간 많은 공공부문 노동자들의 지지를 획득하였다.

자율노조와 독립노조가 성장하였지만, 국가의 협상 파트너로 주로 거론되는 것은 기존의 노동 3단체였다. 세 노조는 한때 국가에 끌려 다니던 수동적 입장에서 벗어나, 1993년 이후 재개된 노사정 협의체제에서 3개 노조의 입장을 통일시키는데 성공함으로써 명실공이 노동계를 대표하는 단체로 인정받았다. 대표성의 인정은 새롭게 조성된 환경 내에서 노동운동이 활성화될 수 있는 중요한 계기를 마련했다는 것을 의미한다. 이는 곧 노동조직의 행동을 통일하고, 노동운동의 역량을 회복하였다는 평가를 받고 있다.

그렇지만 이들 노동단체들의 입장 차이는 명확하다. 먼저 이탈리아 최대 노조단체인 CGIL은 그 강령에서 볼 수 있듯이, 전체 노동자의 이익과 권리를 옹호하며, 노동조합의 입장과 행동 통일을 위해 현장노동자를 중시하는 단계적 노조 통일을 주장하고 있다. 이에 반해 CISL은 가톨릭이라는 종교적 배경에서 가능한 한 정부와의 조화로운 협의를 통한 경제 주체화의 입장을 강조하고 있다. 특히 CISL은 다른 노조들과 연대하여 조합원 중심의 조합주의적 입장의 파트너십을 강조하는 쪽으로 노동단체의 통일을 주장하고 있다. 이는 커다란 틀에서 기층 노동자들의 이해를 하나로 묶을 수 있는 노조 통일의 근거가 되고 있다.

3개 노조 중 비교적 작은 UIL은 특수 직종의 노동자들, 즉 사무직이나 일반 노동자들 역시 시민이라는 관점에서 운동 방향을 세우고 있다. 이는 시민이라는 주체가 갖는 여러 속성들— 소비자이자 생산자이며, 국가 구성원이라는 다양한 입장—을 고려한 입장이다. 이런 성격 때문에 UIL은 노동조직의 통일 문제에서도 가장 소극적 입장을 보이고 있다. 이것은 세력 축소 측면뿐만 아니라, 노동조합의 입장보다 시민의 입장을 견지하고 있는 자기들의 주장에 대한 우려에서 나온 것이다.

노동자 단체와 상생의 입장을 표하고 있는 사용자단체 역시 분야에 따라 그 수가 많다. 대표적인 민간부문 사용자단체는 Confindustria이다. 가장 먼저 설립된 단체이면서 현재의 노사정 협의체제에서 경제계를 대표하는 경영자단체라고 할 수 있다. Confindustria는 노동단체에 대응하고, 국가 경제정책에 경영자들의 입장을 대변할 목적을 갖고 1910년에 창립되었다. 이후 국가 기간산업이라 할 수 있는 기계, 철강, 화학, 섬유 등 주요 산업체협회들을 구성하여, 국가경제에 영향력을 행사했다.

이들은 파시즘이 정권을 획득한 1920년대 중반 이후, 권력에 협력하고 공생하는 관계를 유지하는 등 주로 지배계급의 입장을 대변하며 노동자와 피지배계급을 억압하였다. 그러나 전쟁이 끝난 후에는 이탈리아 경제 기적의 주체로서, 이탈리아 산업구조를 중소기업 위주로 재편하는데 성공하면서 대기업과 중소기업이 조화를 이루게 하는 긍정적 역할도 수행하였다. 이를 바탕으로 어려운 국내외적 상황에도 불구하고 1950년대부터 꾸준한 경제성장과 국가발전을 주도할 수 있었다.

이 과정에서 집권 기민당 정권과의 밀월을 통해 이탈리아 전체 경영자들의 위상을 높였지만, 결국 정경유착과 부정부패를 키우는 구조적 폐해를 만들었다. 사용자단체가 노사정협의회의 한 축으로 국가 입장을 일방 대변하던 시기를 지나, 경영자와 산업자본의 입장을 강조하는 쪽으로 선회한 것은 1993년 노사정협의회 재개와 맞물려 있다. 이는 1992년부터 터지기 시작한 정치인 부패사건이 원인이었지만, 신흥 자본가들과의 관계정립 및 유럽 통합과 함께 변화된 세계정세에도 큰 영향을 받았다.

1993년 이후 새로운 사회적 협약체제가 들어섰다. 국가적 경제위기 극복과 노사정 3자 모두에 이익이 될 수 있는 제도 운영을 위해 가장 먼저 정비된 것이 노동자 대표성 부분이었다. 1993년 7월 노사정 3자 협정으로 RSU Rappresentanza Sindaclae Unitaria라는 새로운 기업별 노조 통합대표단의 구성 근거가 마련되었다. RSU는 임금연동제 폐지에 따른 임금보정의 방법을 명

문화시킴으로써 노동운동의 통합과 일반 노동자들의 동의를
이끌어내고, 이를 국가제도로 정착시키는 일련의 성과들을 얻
었다는 평가를 받았다.

RSU가 전혀 새롭게 출발된 것은 아니었다. 1943년부터 노조
가 결성되어 있는 각 사업장에는 내부위원회Commissione Interna
가 존재하였다. 이 현장조직은 단체교섭권과 파업권 없이 단체
협약의 실행을 사업자와 협의하던 노동자 조직이었다. 그러다
가 1970년 이후 RSA라는 기업별 노조대표가 교섭권과 파업권
을 확보하면서 사용자와 협상을 벌이는 노동자 조직이 되었다.

이 조직들은 기업 내부의 사정이나 현장 노동자들의 이해를
대변했다기보다는 중앙조직으로서 기존 3대 노총의 기업대표
자격을 가졌다고 보는 편이 정확할 것이다. 실효성 있는 역할을
하지 못하면서 1980년대에는 노조대표기업별평의회Consiglio
Aziendale di Rappresentanza Sindacale가 등장하기도 하지만, 그리 원
활한 기능을 수행하지는 못하였다.

이와 같은 한계를 타파하고 현장 중심의 노동자 이해를 대변
하는 조직으로 바꾼 것이 RSU이다. 이는 개별 노조의 입장을
통합하여 사업장의 노동자 이해를 대변한다는 점에서 기존의
제도들보다 훨씬 바람직한 것으로 평가된다. 이 제도는 기존 노
조들의 통합과 변화의 환경 하에서 노동자들의 요구와 이해를
직접 반영한다는 목적을 가지고 탄생, 운용되었다.

RSU가 갖는 법률적 지위는 기업, 지역의 노동자 대표성이

다. 다시 말해 기존 현장 노동자들이 상징적 측면의 단결권 정도를 가졌던 데에 반하여, 교섭 대표로 경영자와 협상을 진행하고, 사안에 따라 노동자를 대표하여 파업권을 선포할 수 있는 권한을 가지게 된 것이다. 물론 산별 협상 차원이 전국적이냐 지역적이냐, 또는 기업적이냐에 따라 다소 차이가 있지만, 현장 노동자를 대표하는 기구이자 조직이라는 사실은 분명하다.

전국적 수준에서 진행되는 협약에서는 주요 3개 노조가 중심이 되기 때문에 RSU가 개입할 여지는 별로 없다. 다만 현장의 소리를 대변한다는 점에서 현장에서 정기적으로, 부정기적으로 논의되고 있는 쟁점 사항들이나 일반 노조원들의 의견을 지도부에 반영할 수가 있다. 이에 반해 기업 차원의 단체협약에서는 RSU의 지위가 절대적이다. 이들이 협상 내용이나 과정을 주도하고, 다수결 원칙에 따른 승인과정을 거친다.

그러나 RUS의 조직률은 산별에 따라 다르기도 하며, 민간부문은 RSU 자체가 존재하지 않는 경우도 많다. RSU가 있는 기업이나 사업장, 지역에서는 이들이 분명한 대표성을 갖지만, 그렇지 않은 경우 이를 어떻게 인정하고 승인하느냐는 사정에 따라 다르다. 참고로 금속부문은 민간부문 약 40%의 기업, 지역에 RSU가 조직되어 있는 바, 이러한 사정이 산별구조의 성격을 더욱 복잡하게 하는 것이다.

일반적으로 공공부문의 RUS 조직률은 거의 100%몇몇 부문은 제외하는데, 이는 한국과 이달리아의 공공부문이 다르고, 부문에 따라 수익성과 경제성에 차이가 나기 때문이다에 가깝다. 따라서 노동자들의 현장성을 직접 그리고 완전하게 반영하고 있는 부문은 공공부문이라 할 수 있다.

산별협약에서 노동자 입장 반영의 협의안을 작성하고 승인하는 과정은 다음과 같다. 우선 산별협약에 참여하는 각 노조 대표들이 협의해서 요구안의 개요를 만든다. 두 번째, 그것을 각 노조에 보내 지도부의 승인을 받는다. 세 번째, 그 내용을 다시 전 조합원에게 알려 투표하게 하고, 대의원 50% 이상의 참석과 참석 대의원 50% 이상의 찬성으로 결정한다. 네 번째, 결정된 안을 갖고 기업 측과 교섭하고, 그 결과도 같은 과정으로 승인받는다.

만약 합의에 문제가 생길 경우, 곧 어느 한 노조라도 불만족스러운 경우는 전 노조가 참여하는 전체 노동자 투표를 요구할 수 있고, 여기서 최종 결정이 이루어진다. 이에 대한 절차는 각 기업이나 산별노조의 정관과 규범에 세세하게 규정되어 있다. 그러나 일반적으로 단순다수결 원칙이 적용되며, 전체 노동자의 50% 이상 결의에 의해 해산되거나 RSU 조직의 3분의 2 이상이 사퇴하면 자동으로 그 지위를 잃게 되는 점 등은 모든 RSU에 적용되는 규정이다.

국가 차원에서의 노사정 3자 협상 개최를 비롯한 노사정 업무를 담당하는 곳이 국가노동경제위원회CNEL이다. 국가노동경제위원회는 매년 2번의 정례회의가 있다. 5월과 6월 사이에 첫

모임이 열린다. 회의내용은 공공투자 문제, 인플레이션율의 결정, 총생산증가율의 결정, 고용정책 전반에 걸친 목표 등을 설정한다. 회의에 앞서 정부는 노사 양측에 〈연간고용상태보고서〉를 제출하게 되어 있다. 9월의 두 번째 회의에서는 1차 협상에서 결정된 목표와 내용 실현을 위한 구체적 방법 등이 결정된다.

이상과 같은 이탈리아 노동계의 상황을 통해 몇 가지 점에 주목할 필요가 있다. 첫째는 베를루스꼬니 정부의 노동정책의 지속성 여부이다. 2008년 세 번째 총리에 오른 뒤, 숱한 파문과 스캔들로 2011년 불명에 퇴임한 베를루스꼬니의 노동정책이 유지될 수 있을 것인가의 문제이다. 두 번째는 이탈리아 주요 노조들의 통합과 행동통일이 야당과의 공조를 통해 지속될 수 있을 것인가의 문제이다. 셋째는 이탈리아 경제 전망에 따른 변화 가능성이다.

현재의 세계 경제위기와 심각한 국가부채 문제는 엄혹한 국내 경제문제와 연계되고 있다. 높은 실업률과 경기침체, 변화된 연금제도에 대한 적응 문제 등은 노조의 대응 여하에 따라 치열한 투쟁이 전개될 가능성이 있다. 전통제조산업에서 서비스업 중심의 산업구조 개편이 가져올 이해의 충돌과, 신자유주의 정책기조에 따른 국가 경제정책 전반에 대해 국민들이 어떤 행동을 보일지가 관건이다. 실제로 2011년 12월에 출범한 몬띠 내각은 국민들에게 연금제도를 비롯한 전반적인 고통분담을 호소하였고, 이를 정책과 예산에 반영하였다.

이상의 이탈리아 노동계의 흐름을 보면, 현재의 우리 경제상황이나 노동운동계의 구조적 문제들을 해결할 수 있는 동인을 찾을 수도 있을 것이다. 재벌 중심의 경제구조 하에서 사회적 약자인 노동자들의 삶과 경제적 지위는 불안정하다. 총체적인 면에서 국가발전이나 국민의 삶의 질을 보장할 수 없다는 것이 명확해지고 있는 상황에서 최소한의 삶의 질을 국가가 보장해주는 사회적 협의제의 필요성이 여전히 시급하다. 수많은 사회 문제의 핵심은 결국 먹고 사는 문제를 해결해야 한다는 측면에 있다. 국민 전체가 향유할 수 있는 양질의 삶을 제도적으로 보장하는데 국가가 적극적으로 개입할 필요가 있는 것이다.

물론 기업이나 국가가 우려하는 경제력 저하와 생산비 과다 문제가 발생할 수도 있겠지만, 이익의 공유와 최저한의 삶의 보장을 제도화하는 것이 결국 사회적 비용을 줄이면서 장기적으로 국가경쟁력 향상에 도움이 될 수 있다는 점을 명심해야 한다. 미래의 한국사회를 설계하는데 이런 점을 적극 반영할 필요가 있을 것이다. 그것이 이제 막 복수노조 시대로 진입한 우리 사회의 바람직한 자세가 아닐까 한다.

노동계 이야기를 떠나 기업의 이야기로 주제를 바꾸어보자. 삼성과 현대가 한국을 대표하는 기업이라는 사실은 잘 알려져 있다. 그러면 이탈리아를 대표하는 기업은 어떤 것들일까? 대부분은 피아트를 떠올릴 것이다. 이탈리아를 좀 안다면, 올리베티나 아르마니 같은 기업을 이야기할지도 모르겠다. 그런데 현재 이탈리아를 대표하는 그룹은 메디아세트라고 하는 방송 재벌이다. 자동차 그룹 피아트와 메디아세트라는 방송 그룹은 서로 다른 분야의 대표적 재벌이지만, 이탈리아 경제구조를 이해하는 두 개의 키워드이기도 하다. 이 두 재벌기업이 갖는 정치·경제·사회적 의미는 무엇일까?

두 기업의 성장 배경과 현재의 위치에 대해 알아보자. 피아트의 역사는 이탈리아 산업발전의 역사라 할 수 있다. 피아트가 창립된 해는 1899년이었고, 피아트는 또리노라는 당대 가장 발달한 기계산업의 중심지에서 자동차 및 운송수단 생산을 목적으로 설립되었다.

FIAT는 또리노이탈리아자동차공장Fabbrica Italiana Automobile Torinese의 첫 글자들을 조합한 것이다. 제1차 세계대전을 계기로 비약적 성장을 거듭한 피아트는 1919년 전쟁이 끝났을 때 이미 종업원 4만 명에 이르는 거대 기업이 되었고, 제2차 세계대전이 시작된 1939년에는 6만의 종업원을 거느린 세계 최대 자동차 회사의 하나로 성장하였다.

피아트는 초기 여러 부문의 전문가들과 노동자들이 출자하여 만든 회사였지만, 1906년에 주식회사로 변경하여 오늘날까지 그 형태를 유지하고 있다. 오랫동안 피아트의 경영을 책임지고 있었던 가문은 아넬리Agnelli라고 하는 집안이다. 전형적인 귀족 재벌가임에도 아넬리 가문이 이탈리아에서 차지하는 비중은 삼성의 이씨 가문이나 현대의 정씨 가문들과는 위상이 다르다.

파시즘에 한때 협력했다는 오점을 갖고 있기는 하지만, 아넬리 가문은 노동자를 완전히 배제하거나 반노동자적 정책을 지지하지 않았다. 곧 이 점에서 비교적 친노동자 재벌 총수의 모습을 가지고 있다. 1970년대에 황색노조나 물리적 탄압을 경험해 상당한 반감을 보이는 노동자들도 있지만, 노조를 인정하지 않거나 노조 설립을 원천봉쇄하는 한국적 풍토에서 본다면 노동자의 입장을 비교적 이해하는 것으로 평가받는다. 그런 면에서 여전히 많은 이탈리아인들의 존경을 받고 있다.

아넬리 가문은 불행한 역사를 갖고 있다. 피아트의 아넬리 가문 지분은 30% 정도인 것으로 추정된다. 1960년대 후반부터 그룹을 경영해온 쟌니Gianni 아넬리를 비롯해 동생 움베르토Umberto 아넬리까지 무려 40여년 넘게 피아트를 실질적으로 장악하고 있다. 그러나 이 가문은 애석하게도 여러 가족들이 암이나 자살 등으로 세상을 등졌다. 형 쟌니에게는 에두아르도Eduardo라는 아들과 마르게리타Margherita라는 딸이 있었지만, 아버지는 그다지 자상한 편이 아니었다. 에두아르도는 그런 아버지를 증오하였고, 결국 회사 경영이나 세속적인 부를 일부러 멀리하여 동양철학에 심취하기도 했다. 결국 마약과 방탕한 생활에 찌든 에두아르도는 2000년 11월 새벽 '자살의 다리'60여 미터 높이의 다리로 또리노 교외에 위치에서 몸을 던져 생을 마감했다.

가문의 비극은 1997년에 시작되었다. 동생 움베르토의 아들로 가문과 그룹의 총애를 한 몸에 받던 젊은 경영인 죠반니

Giovanni가 희귀암으로 33살의 나이에 세상을 등졌다. 이렇게 시작된 비극은 2000년 에두아르도의 자살, 2003년 69세의 나이로 쟌니가 전립선암으로 사망, 후계자였던 동생 움베르토 역시 59살에 전립선암으로 사망하였다. 쟌니의 딸 마르게리타는 어린 나이에 결혼하여 3남매를 두었지만 1981년 이혼하였고, 러시안 귀족과 재혼하였다. 그러나 상속과정에서 두 번째 결혼에서 얻은 자녀들이 제외되었다. 그리고 상속과 관련한 유언에서도 마르게리타를 철저히 배제했기 때문에 후일 소송까지 이어지게 되었으며, 지금도 여전히 재판이 진행형이다.

피아트는 움베르토의 사망 이후 어려운 경영 사정으로 미국의 GM과 굴욕적인 매각 협상을 벌이기도 했다. 현재는 마르게리타의 아들 존 엘칸John Elkann과 움베르토의 아들 안드레아Andre?에게 경영이 이어짐으로써 다시 한 번 아넬리 가문에 피아트의 운명이 맡겨지게 되었다.

피아트 그룹은 전통적인 산업자본가 계급을 대표하는 가문이라는 점에서 1970년대 이후 성장한 메이아세트와는 성격이 다르다. 전통 산업자본가 그룹은 전적으로 정경유착이라고 할 수는 없지만, 정치권과의 밀월관계를 통해 경제를 제조업 중심의 구조로 정착시키는데 일조하였다. 이는 중소기업 중심의 경쟁력 있는 이탈리아 특유의 산업구조를 만드는데 상당한 기여를 했다고 평가할 수 있다.

그러나 메디아세트는 말 그대로 신흥 자본가 계급으로, 방송,

건설, 서비스 산업 등 3차 산업을 대표하는 재벌이라는 점에서 피아트를 비롯한 전통 산업자본가 그룹과는 다른 성격을 갖는다. 메디아세트의 실질적인 소유주이면서 최근 정치권력의 정점에 있었던 이가 바로 베를루스꼬니 이탈리아 전 총리다.

앞서 언급하였지만 베를루스꼬니는 여러 가지 면에서 다채로운 경력을 갖고 있는 바, 메디아세트 그룹을 이탈리아 제일의 기업으로 성장시킨 것은 정경유착을 통해서였다. 더구나 반노동자적이고 신자유주의적인 서비스 산업을 중심으로 그룹을 성장시켰다는 점에서 굴뚝 산업을 중심으로 발전해온 피아트와는 다른 면모를 나타내고 있다.

베를루스꼬니의 등장은 아이러니하게도 정경유착 종언의 시발점이 되었던 마니뿔리떼가 베를루스꼬니를 향하고 있던 무렵에 이루어졌다. 자신의 왕국 메디아세트를 지키기 위해 새로운 정당을 창당하고 정치에 전격적으로 뛰어든 베를루스꼬니는, 프로축구판에 선수가 입문하듯 정치계에 들어서자마자 헤드트릭에 비견할만한 성공을 거두었다. '화이팅 이탈리아'라는 뜻을 가진 포르짜 이탈리아Forza Italia라는 당을 창당하고, 4개월의 선거운동만에 권력을 획득하였으니 야구로 치면 만루 홈런을 날린 셈이었다.

베를루스꼬니가 정치계로 들어올 수밖에 없었던 것은 당시 그의 기업을 뒷배 봐주던 정치인들이 모두 구속되거나 망명을 떠나자 자기 재산을 지키기 위한 자위수단이었다. 베를루스꼬

니와 관련한 여러 사건과 소문들은 상당히 신빙성이 있다. 2011
년까지도 여전히 그는 구설수와 스캔들로 일상에 지친 세계인
에게 웃음을 선사했으며, 결국 국가부채 위기를 극복하지 못하
고 사임하고 말았다.

신흥 자본가와 구 산업자본가 사이의 차이는 1990년대 초반
의 정치변화 및 사회변동과 밀접한 연관성을 갖고 있다. 전통 산
업자본가 계급은 제조업을 중심으로 노조, 노동자들과 함께
1990년대까지 이탈리아 경제를 이끌었다. 그러나 베를루스꼬니
이후 등장한 신흥 자본가 계급은 서비스업을 중심으로 성장한
계층이다.

이는 경제구조가 제조업에서 서비스업 중심으로 전환되고 있
다는 사실을 의미한다. 또한 정규직 노동자보다는 비정규직이나
파트타임 등으로 노동자의 지위가 변화할 수밖에 없는 구조가
되었다는 의미이며, 구체적 상품을 생산하는 구조라기보다는 금
융과 유통이 중심이 되는 사회로 전환하고 있다는 것이다.

결국 이러한 변화 속에서 어려움에 처한 피아트가 GM과의
매각 상황으로 빠져들게 된 것이었다. 연장선상에서 이탈리아
의 대표적 기업이 피아트에서 메디아세트로 바뀌게 된 것이다.

그러나 분명히 이해해야 할 것은 이탈리아가 몇몇 대기업에
의해 경쟁력을 갖는 국가는 아니라는 점이다. 이탈리아 산업구
조에 대해 최근 불거지는 이야기는 국가부채에 대한 것이다. 이
말을 잘못 이해하면 이탈리아 경제 전체가 문제가 있는 것으로

오해할 수 있는데, 이탈리아 경제는 중소기업 중심의 산업구조 속에서 기업의 경쟁력이 절대적으로 강하고, 이러한 점이 이탈리아 경제를 지탱하는 힘인 것이다. 그럼에도 불구하고 여전히 이탈리아 경제의 취약성과 국가부도사태가 거론되는 것은, 정부의 비효율성으로 인해 국가경쟁력을 지속·효율적으로 묶는 데 실패하였다는 것을 의미한다.

2011년 연말까지 하루가 멀다하고 터져 나오고 있는 베를루스꼬니의 추문들에도 불구하고 총리의 사퇴나 그 이상의 조치가 취해지지 않는 것이 이탈리아 정치와 문화의 특수성이다. 게다가 이탈리아에서는 70세 이상의 고령자는 죄를 지었다고 할지라도 수감과 같은 중형을 면해주는 법이 존재하기 때문에 베를루스꼬니가 실형을 선고받는다고 해도 옥살이를 할 가능성은 거의 없다. 또한 베를루스꼬니 주축인 연정에서 이탈하는 정당들이 나오지 않는 한 국민이 선택한 정치권력이 중간에 퇴진하는 일은 없다는 사실도 베를루스꼬니의 정치 생명이 연장될 수 있었던 이유이다.

그러나 분명한 것은 이탈리아의 정치와 경제를 이해하는데 있어 당분간은 베를루스꼬니를 정점으로 하는 신흥 자본가 계급과 피아트를 중심으로 하는 제조업 중심의 구자본가 계급들의 위상 변화가 중요한 요소임에는 틀림없다. 비록 2011년 말 퇴임했다고 하나 베를루스꼬니라는 인물이 여전히 미래의 이탈리아를 읽는 키워드임에는 의문의 여지가 없다. 베를루스꼬니가 사임하게 된 배경에는 몇 가지가 있다.

첫째는 불신임의 방식으로 퇴진하게 되면 다시 정계 복귀가 어렵다는 점을 고려하여 불명에 퇴진의 형식을 띠었다는 것이다. 둘째는 베를루스꼬니 가문이 여전히 이탈리아 정치계의 중추 역할을 하기 위해서는 베를루스꼬니의 아들이나 후계자들에게 정치적 부담을 주면 안 되기 때문이다. 결국 후계자들이 미래의 정치권력을 잡을 기회를 제공하기 위해 퇴진을 할 수밖에 없었다. 셋째는 현재의 경제위기와 국가부도의 위험이 급증하고 있는 상황에서 경제정책의 변화와 대응책을 대내외적으로 보여줄 필요가 있었기 때문이다.

베를루스꼬니의 퇴진은 미래의 이탈리아에 전환기적 사건임에는 틀림없다. 그것이 긍정적일 지 부정적일 지에 대해서는 논란이 많겠지만, 새로운 시대를 향한 변화라는 측면에서 이탈리아가 어떤 모습일지 궁금해진다. 베를루스꼬니 이후 출범한 몬띠 내각이 산적한 이탈리아의 구조적 문제들을 해결한다고 해도 여전히 문제는 남는다. 특히 경제위기를 해결하고 유럽의 강국으로서의 지위를 유지할 수 있기 위해서는 국가 전체의 구조 개혁과 전환이 필요할 것이다. 따라서 이탈리아 경제의 수도 밀라노와 베를루스꼬니의 미래가 곧 이탈리아 정치경제의 운명을 결정하는 무대가 되리라는 전망은 확고한 사실일지도 모른다.

천의 얼굴을 가진 이탈리아

Chapter 07

대학과 학문의 도시 볼로냐,
적색지방 에밀리아로마냐

BOLOGNA
&
EMILIA
ROMAGNA

리미니의 유명한 모자이크화(일부 장면)

Bologna & Emilia Romagna

베네또 주와 롬바르디아 주 밑으로 반도의 중북부에 걸쳐 넓게 분포하고 있는 주가 에밀리아로마냐 Emilia Romagna 이다. 세계에서 가장 먼저 문을 연 볼로냐 대학이 소재한 볼로냐 Bologna 시가 주도인 이 주는 오랜 역사전통과 이를 뒷받침하는 뛰어난 문화유산들이 산재해 있는 곳이다. 로마 시대 이전부터 화려한 문명을 꽃 피웠던 고대 에뜨루스까 문명의 중심지였고, 식품산업, 위락산업, 의류산업, 전자산업이 발달한 곳이다.

이 주 역시 역사적으로나 문화적으로 중요한 도시들이 넓게 분포되어 있다. 주도인 볼로냐를 비롯하여, 13세기 한때 교황청이 옮겨왔었고 화려하고 아름다운 모자이크 벽화로 유명한 라벤나 Ravena, '빠바로띠 Pavarotti 와 친구들'이라는 음악회가 매년 열리는 빠바로띠의 고향 모데나 Modena, 스포츠카의 살아있는 신화 페라리 Ferrari 공장이 있는 마라넬로, 이탈리아뿐만 아니라 유럽에도 널리 알려진 젊은이들의 여름 휴양지 리미니 Rimini, 치즈와 쁘로슈또prosciuto라는 건조생고기가 유명한 낙농업 도시 빠르마Parma 등이 낯설지 않다.

중세적 분위기가 물씬 넘치는 볼로냐에는 세계에서 가장 오래된 대학이 있다. 그래서인지 도시 곳곳에는 대학과 관련된 길 이름이 많다. 보까치오Boccacio, 까르두치Carducci 같은 이들이 볼로냐를 찬미했던 대표적 문인이다. 우리나라에서도 많은 독자층을 확보하고 있는 움베르또 에꼬Umberto Eco가 연구 활동을 하고 있는 도시도 여기이다.

대학문화는 보수적이기만 했던 중세사회를 진보와 변혁으로 이끌었던 동인이었다. 중세 이후 볼로냐가 학문적으로 진보 자유주의 분위기를 갖게 되는 이유이다. 대학도시라는 특성은 다양한 문화의 교류지로, 범이탈리아적일부 지역에 국한되지 않고 반도 곳곳에서 온 학자들과 학생들이 교류했다는 의미에서 특징을 띠게 했다.

이곳에서 흔히 보는 뽀르띠꼬portico : 길에 인접한 건물의 1층을 회랑 식으로 꾸며 아치형 복도로 길게 연결, 인도로 사용하는 이탈리아 고딕 건축양식. 볼로냐, 또리노, 밀라노 등의 도시에서 볼 수 있다. 특히 볼로냐는 총 45km의 뽀르띠꼬가 건축되어 있어 아름다운 도시구조를 갖고 있다는 이탈리아 특유의 고딕 양식 건축물이 만든 최고의 구조라는 찬사를 듣는다.

볼로냐는 '적색 도시'라는 이름에 걸맞게 도시 건물들이 대부분 붉은 색을 띠고 있다. 그런 이유 때문만은 아니지만 볼로냐는 이탈리아에서 좌파문화가 가장 오래되고 깊이 있게 펼쳐진 도시로 유명하다. 도시 여기저기의 바(bar)나 카페에 가면 마르크스, 레닌 등의 사진이 걸려 있는 것을 어렵지 않게 볼 수 있다. 개방적이고 진보적인 젊은이 문화가 일찍 시작된 도시답다.

필자도 이탈리아 유학 시절 볼로냐 대학의 맥주 집에서 보았던 마르크스, 레닌, 체 게바라의 사진을 보고 충격을 받은 적이 있었다. 맥주 집에서 이들이 외치는 구호들혁명이라는 뜻의 이탈리아어 'rivoluzione'를 서슴없이, 그리고 모두가 합창하듯 하는과 프롤레타리아 혁명을 꿈꾸는 마르크스주의 계열 혁명론자들의 이야기가 상당히 생소했다.

볼로냐는 이탈리아에서 히피족을 가장 많이 볼 수 있는 곳이다. 거리의 부랑아 정도로 여길 수 있는 이탈리아적 히피는, 전위적이고 진보적인 볼로냐에서는 심심치 않게 볼 수 있는 사람들이다. 음악을 연주하거나, 개 혹은 젊은이들과 무리를 지어 떠돌아다니는 이들의 모습은 역이나 광장에서 흔히 볼 수 있다. 이탈리아에서 가장 전통 깊은 적색이데올로기적으로 좌파라는 의미에서도시라는 점 때문인지 히피 외에도 여성운동, 동성애운동이 자연스럽게 받아들여지는 곳도 볼로냐이다.

자유로운 분위기와 사회주의적 성격의 이 도시를 통해 두 가지 문제를 끄집어낼 수 있다. 하나는 우리 사회에서도 최근 논쟁의 중심에 서 있는 복지이고, 다른 하나는 교육제도이다.

요즘 우리나라에서 가장 논란이 되고 있는 분야가 복지이다. 유력한 대권 후보들과 주요 정당을 중심으로 끊임없이 복지정책이 발표되고 있다. 그런 면에서 한국의 복지국가 유형은 상당히 흥미롭다. 현재 한국에서 논의되는 복지국가 모델은 주로 유럽의 모델과 정책을 기준으로 삼아 논점을 출발시키는 경우가 많다. '복지는 곧 증세'라는 논리, 복지를 강화하면 재정 압박으로 결국 나라가 망하게 될 것이라는 '논란', 그리고 '보편적 복지'와 '선별적 복지'에 대한 논쟁도 뜨겁다.

우리 사회의 복지논쟁이 어떻게 결말이 날 지 기대되면서, 문득 이탈리아에서의 경험담이 생각났다. 유럽 국가들이 그러하듯, 이탈리아도 복지 대열에서는 비교적 앞에 있는 나라이다. 복지 내용도 상당한 수준에 와 있다. 그러나 실제의 실행 시스템과 그 불합리성은 다른 유럽 국가들과 비교되지 않을 정도로 특이하다.

이탈리아 복지 시스템은 이중적 특징을 갖고 있다. 구조적이고 보편적으로 사회적 약자를 보호하는 제도적 특징이 있는 반면, 다른 한편으로는 지나치게 온정적이고 비효율적인 행정 시스템으로 인해 고비용의 비효율성으로 점철되어 있다. 극단적으로는 사망자, 사회적 약자가 아닌 이들까지 아무 문제없이 복지 수혜를 받고 있다는 점에서 제도와 시스템의 문제점을 보여준다.

이탈리아 복지에서 가장 중요한 부문은 연금과 의료이다. 이탈리아의 사회복지 예산은 주로 연금60% 이상, 의료24%, 생계지원 및 보조8.1% 등으로 구성되는데, 그 비율에서 알 수 있듯이 연금

부문이 지나치게 과도하고 복잡한 다층적 구조를 가지고 있다. 연금에 집중되어 있는 복지예산이나 의료 부문의 비중 등을 보면, 향후 고령화 사회의 도래가 필연적임을 상정할 때 이탈리아 복지구조가 시급히 정리해야 할 문제로 대두되고 있다.

이탈리아 사람들이 놀기 좋아한다는 사실은 널리 알려져 있다. 휴가도 길고, 휴일에는 상점과 주요 서비스 시설이 닫혀 있어 생활에 이만저만 불편이 아니라는 불만을 듣는다. 심지어 연말연시 가게가 모두 문을 닫는 바람에 먹을 물조차 사지 못했다는 하소연을 하기도 한다. 그것은 다른 사람이 놀 때 나도 함께 논다는 사고가 오랫동안 이탈리아에 퍼져 있기 때문이다. 서비스 정신이나 다른 사람을 위한 배려가 부족한 것은 바로 그러한 이유일 것이다.

이해하기 힘든 측면도 있지만, 소비자 입장이 아닌, 하나의 인간이라는 측면에서 보면 바람직한 의미로 해석될 수도 있다. 누구나 동등하고 균등하게 휴가와 안식을 취할 수 있다는 것은 그만큼 사회적 수준에서 복지가 잘 되어 있으며, 제도적으로 보장되어 있다는 의미이기 때문이다. 한 인간에 대한 존중과 예의는 자국민이 아닌 외국인이라도 인정하고 대우한다는 의미를 함께 담고 있다.

필자의 경험도 이러한 인식과 별 다르지 않았다. 복지에 대한 첫 번째 경험은 유학한 대학에서였다. '국립대학'이라는 시스템의 의미를 이탈리아에서 비로소 깨닫게 된 계기였다.

이탈리아 국립대학의 수업료는 부모나 학생의 소득 등급에 따라 결정된다. 다시 말해 부모의 소득 정도에 따라 최저등급에서 최고등급으로 구별하여 등록금과 학비가 책정된다. 우리 사회의 무상급식 논쟁을 보면, 이런 시스템이 한국인들에게 이해가 될지 의문이다. 수업료만이 아니라, 교육 관련 사회보장제의 자기부담액은 모두 그렇게 결정된다.

두 번째 경험은 아이가 생기면서 겪었던 일이다. 요즘 한국사회도 출산율 저하와 보육이 문제가 되고 있다. 이탈리아에서의 출산과 육아 과정을 경험한 필자가 보면 우리나라와는 확연한 차이를 느낀다. 사회복지예산의 24%가 의료부문 예산이라는 사실에서 알 수 있듯이, 이탈리아 의료보험 체계는 전반적 보장이라는 수혜적 성격이 강하다. 외국인에 대한 의료보험 적용이나 수혜의 범위도 생각보다 크다.

아내가 첫 아이를 가졌을 때, 산모의 건강 문제 등이 얽히면서 상당히 어려운 상황으로 내몰렸었다. 한국이라면 의사가 여러 가지 응급조치와 특별한 의료 대응이 필요하다고 이야기할 수 있는 상황이었다. 그러나 당시 아내의 주치의는 최대한의 안정을 통해 산모와 아이의 자연스러운 회복을 유도하고, 생명과 건강에 꼭 필요한 처치 아니면 아무 것도 권하지 않았다. 한국에서의 경험(?)에 비추어 보면 무관심과 무대응이 아닌가 하는 생각이 들 정도였다. 실제로 우리가 외국인이기 때문에 그런 것이 아닌가 하는 의심도 들었다.

천의 얼굴을 가진 이탈리아

그러나 불필요한 의료 처치를 피하고, 산모와 아이에게 발생할지 모르는 상황까지 고려하여 내린 조치였다는 것이다. 한국에서는 꼭 필요한 검사라도 보험으로 처리되지 않는 부문이 있는데 반하여, 이탈리아서는 필수적인 대부분의 검사가 보험으로 처리되었으며, 대부분의 치료도 무료였다는 점이 인상적이었다. 양수검사 비용이나 초음파 비용이 거의 무료에 가까웠다는 사실은 이탈리아 의료의 복지적 성격을 잘 대변해 준다.

그럼에도 불구하고 이탈리아 의료제도에는 많은 부분에서 허점과 불편함(?)도 존재한다. 응급실을 경유하지 않으면 구역별로 정해져 있는 의사와 약속하여 진료일을 정하지만, 약속일에도 간호사에게 설명한 증상을 모두 이야기해야만 의사를 만날 수 있다. 곧 똑같은 이야기를 반복해야 하는 멍청하고 우스운 상황을 연출한다.

어렵사리 종합병원에 간다고 해도 다시 이런 과정을 거쳐야만 한다. 아주 위급한 상황이 아니면 특별한 조치를 취하지 않는다는 점도 환자의 입장에서 보면 당황스럽다. 시설과 서비스 문제를 빼고라도 그러한 의료 외적인 면이 사람을 더더욱 힘들고 어렵게 하는 것이 현재의 이탈리아 의료체계이자 서비스 수준이다.

최근 이탈리아의 의료 서비스와 복지 시스템이 전환되고 있는 상황을 맞이하고 있다. 선진 자본주의 복지국가 중에서 이탈리아는 재정위기와 자원분배의 형평성, 노동 없는 복지의 위기를 첨예하게 겪고 있다. 1980년대 이후 여러 나라들이 복지개혁을 시도했다. 특히 1990년대 이후 유럽 모델을 채택한 여러 나라들이 '노동 없는 복지'의 위기를 벗어나기 위해 복지 모델을 재정의하고 있다. 이탈리아도 1990년대 중반 이후 연금 개혁을 비롯해서 복지 모델의 변화를 시도하고 있다. 그러나 이탈리아 복지제도는 교육과 의료부문을 제외하고는 그다지 효율적이지도 않고, 노동과 연계하기 힘든 구조 속에서 새로운 경제·사회적 변화와 요구에 적절히 대응하지 못하고 있다.

재정위기, 형평성과 효율성 제고에 초점을 두어 이루어진 1990년대 복지개혁은 급진적이고 혁신적인 수단을 도입했음에도 불구하고 그 효과가 아직 구체적으로 나타나지 않고 있어 이탈리아에서의 복지위기 논쟁은 여전히 치열하다. 이탈리아가 직면한 이러한 문제점과 위기는 파편화되고 차별화된 사회보장체제, 왜곡된 자원분배 구조의 제도화, 미로식 구조의 '연금제도'가 초제도화된 '이탈리아식 복지 모델'에 그 원인이 있다고 할 수 있다.

이탈리아의 복지제도는 남유럽의 다른 국가들처럼 가톨릭주의와 가족주의에 기반하고 있다. 북유럽의 보편주의적 복지 모델이나 영미형 자유주의적 복지 모델에 비해 관대한 사회보험이 발달한 반면, 복지 서비스의 수준은 매우 낮다. 그러나 무엇보다 이탈리아 복지제도의 두드러진 특징은 앞에서 언급한 것처럼 복지예산에서 연금과 의료 부문이 차지하는 비중이 너무

높다는 점이다.

현재의 인구 구성과 중장기 인구증가율 등을 고려할 때 향후 의료 및 노령 층에 대한 사회보조사업 예산 비중이 더욱 높아질 것으로 전망된다. 2045년에는 65세 이상의 인구가 총인구의 30%를 초과할 것이며, 80세 이상의 고령 인구도 12%를 넘을 것으로 예상하고 있다. 2009년 현재 인구의 25% 이상이 각종 질병으로 의료 서비스를 받고 있는데, 이 비율은 총 의료 예산의 70%에 해당한다. 따라서 이탈리아 복지정책에서 시급히 해결해야 할 과제는 연금제도의 합리적 재조정과 사회복지 예산의 재구조화라고 할 수 있다.

2008년 재집권에 성공한 베를루스꼬니의 등장 이후 이탈리아 복지제도는 여러 면에서 새로운 국면에 진입하고 있다. 가장 최근의 변화는 교육부 장관 젤미니Gelmini의 이름을 딴 '젤미니법'교육제도 개혁법이다. 이 법안은 국립대학 시스템의 개편과 초등학교 교사 수의 축소 등을 골자로 하고 있다. 특히 국립대학 지원금 중 300억 유로를 3년에 걸쳐 삭감하면서, 국립대학의 사립대학 전환 여부를 경쟁력 강화라는 미명 아래 진행하고 있다. 또한 초등학교 단일교사제를 변경, 원래 3명이었던 교사 수를 단일교사로 축소하고, 교사의 근무시간을 주당 24시간에서 일반 노동자 수준인 35~40시간으로 연장하는 내용을 담고 있다.

이 법안은 두 가지 상반된 평가를 받는다. 부정적인 측면에서 보자면, 교육의 질을 저하시키고 기본 사회안전망과 교육 평등권의 침해를 초래하는 사회복지 개악으로 평가받고 있다. 이탈리아는 서구 국가 중에서 교육제도가 비교적 잘 되어 있다고 평가를 받고 있었다. 그래서 교육제도의 '개혁'이 이탈리아 사회안전망 자체의 균열과 해체를 가속시키고, 고등교육을 통해 사회적 격차를 줄일 수 없게 한다는 점에서 비판받고 있다. 긍정적인 측면에서는 공교육 체계의 자유경쟁 시스템 도입과 국가 교육 예산을 절감함으로써 어느 정도 이탈리아 교육의 질을 향상시킬 수 있으리라고 평가한다.

그러나 전반적으로 보자면, 이러한 사회복지 제도의 변화는 지역과 계층 간 차이를 더욱 심화시키고, 구조적으로 고착화하는 부정적 효과를 보일 것으로 전망된다.

특히 2008년 말부터 시작된 경제 위기는 실업률을 증대시키고 실질소득은 감소시키면서 눈에 띠게 양극화의 불안정성과 구조적 고착화를 가져왔다. 결국 이는 연금 중심의 이탈리아 사회복지 제도의 비합리성과 취약점을 노출시키면서 사회적으로 절대빈곤층이 증가하는 현상을 낳게 하였다. 실제 최근 몇 년의 추이를 보면, 양극화의 간극이 벌어지고 복지 예산의 감소가 두드러지게 나타나고 있다. 더구나 이 문제가 국가 재정적자의 주요 원인이자 신속하게 해결해야 할 과제로 인식되면서 복지제도 전반의 재점검과 축소는 피할 수 없는 현안이 되었다.

현재 이탈리아 복지제도는 전환기에 당면했다. 제도의 우수함이나 불편함을 논한다는 것 자체가 의미가 없을 정도의 상황인 것만은 틀림없다. 베를루스꼬니가 추구하고 있는 신자유주의적 복지 모델의 전환은 우려할만한 것이지만, 그에 상응하는 만큼 이탈리아 복지제도가 쉽게 바뀔 수 있는 것도 아니라는 점 역시 확실하다. 이탈리아의 복지제도가 보편적이면서 시혜적이지 않는 방향으로 흐른다할지라도 그것은 최소한의 수준에서 변화할 것이다. 또 그만큼의 대체정책에 의해 큰 규모의 축소나 감소 상황이 벌어지지도 않을 것이다. 한 가지 분명한 것은 이탈리아 복지제도가 갖는 인간 중심적인 따뜻함, 그리고 그와 비례하는 불편함도 전혀 바뀌지 않을 것이라는 점이다.

복지제도와 함께 눈여겨 볼 것이 교육제도이다. 한국 사람들이 주로 걱정하는 문제의 하나가 교육이라는 사실은 누구나 알고 있다. 특히 최근에 불거지고 있는 대학 등록금 문제는 우리나라의 교육체계 전반을 돌아보게 하는 중요한 계기이다. 인생의 목적이 대학인 사회에서 명문대 진학이라는 목표 달성을 위한 노력과 준비는 경쟁에 익숙한 사람들을 사교육에 매달리게한다. 낙오가 두렵고, 생존의 필수조건인 명문대 입학을 위해벌어지고 있는 사교육 열풍과 몰입은 과연 우리 사회가 정상적인가 하는 의문을 들게 한다.

자원조차 빈약한 한반도에서, 분단이라는 최악의 정치적 상황에서 오직 살아남을 수 있는 길이 교육이고 인재라는 점은 우리 모두 뼈저리게 느끼고 있다. 그렇다고 교육을 위해서는 무엇이든지 할 수 있고, 희생할 수 있으며, 경쟁에서 살아남는 자가 강한 자라는 논리는 정당하지는 않다. 사교육으로 인해 공교육 체계가 망가지는 그런 일이 실제로 일어나는 것이 대한민국의 현실이다.

교육의 경쟁력이 곧 국가경쟁력이라고 말한다. 그러나 국가경쟁력이 앞선 나라들은 대부분 확실한 공교육 체계를 유지하고 있는 나라들이라는 사실이 우리를 당혹스럽게 한다. 국가경쟁력 1위를 유지하고 있는 핀란드는 말할 것도 없고, 유럽의 여러 나라들도 공교육 체계만으로 국가경쟁력을 유지한다. 이는 사교육에 모든 것을 걸고 있는 우리 현실에 많은 시사점을 준다. 이탈리아도 전체 교육체계는 공교육 시스템이다. 다양한 분야에서 많은 수재들을 거느린 이탈리아가 공교육 체계에서도 충분히 경쟁력을 확보할 수 있는 것은 창의력과 독창성을 교육의 가장 중요한 지표로 삼고 있기 때문이다.

필자는 이탈리아 7년의 유학 기간 동안 첫째와 둘째를 가졌는데, 첫째는 상당 기간 이탈리아 교육의 다양한 혜택을 누렸다. 이탈리아의 정치사상가 그람시에 대해 공부하러 온 필자가 상당한 혜택을 받을 수 있었던 것도 공공성을 강조하는 이탈리아 공교육 체계 덕분이었음은 더 말할 필요가 없다. 그렇다고 이탈리아에 사교육이나 영재를 위한 교육 시스템이 전혀 없는 것은 아니다. 영재를 넘어 뛰어난 창의력을 갖춘 천재들을 발굴

하는데도 많은 노력을 기울이고 있다.

중요한 것은 사교육으로 영재나 천재를 만들지 않는다는 점이다. 이탈리아의 교육은 사회복지의 중요한 과정으로서 유아교육부터 체계적으로 시행한다. 영유아 보육은 물론 우리식의 어린이집과 유치원에 해당하는 취학 전 시설들을 국가에서 잘 관리하고 있다. 엄마를 위한 육아휴직뿐만 아니라 아빠의 육아보조 휴직이 가능함은 물론이고, 다른 유럽 나라들과 마찬가지로 국영 시설에서 맞벌이 부부를 위해 양육과 보육을 함께 책임지고 있다.

학생 신분이었던 우리 부부도 첫째를 세 살부터 국영 어린이집에 보냈다. 아직도 기억하는 것은 첫째를 어린이집에 보내기 위해 면담하려고 원장 선생을 만나러 갔던 첫 날이었다. 인자한 눈매의 원장 선생은 먼저 우리의 사정을 충분히 경청했다. 그리고 아이가 외국인이라는 점을 고려하여 언어 능력과 성격 등의 문제에 대하여서 충분히 상담해 주었다. 우리를 더욱 놀라게 했던 것은 상담이 끝난 뒤의 조치였다.

먼저 아이를 몇 시에 귀가시킬 것인가를 놓고 우리의 학업시간표와 수업내용 등을 검토하여 가장 적합한 시간을 정해 주었다. 그리고 당분간은 사정이 어떻게 될지 몰라 아이의 귀가 시간을 융통성 있게 배려해 주었다. 가족 이외의 사람과는 지내본 적이 없었던 아이인지라 대단히 걱정스러웠지만, 바로 첫날에 안심할 수 있었다. 보육비도 최저로 결정되었다.

이탈리아에서 교육비는 부모의 소득에 비례하여 정해진다. 다시 말해 부모의 소득이 많을수록 교육비 부담이 늘어난다. 한국 사회에서 한창 논란이 되었던 무상급식을 반대하는 이들이 들으면 기절할 소리일지 모른다. 학생 부부였던 우리에게는 최저등급이 적용되었는데, 한 달에 3만원도 안 되는 돈으로 아이를 오후 4시까지 안심하고 맡길 수 있었다. 아이에게도 최적의 교육 기회였음은 더 말할 나위도 없었다.

약간의 갈등이 없었던 것은 아니었다. 국립이나 공립이 주는 한국적 선입견 때문에 부모 입장에서 좀 더 나은 환경의 사립 어린이집에 보내려고도 생각했었다. 집에서 멀지 않은 곳에 몬테소리에서 운영하는 사립 어린이집이 있었지만, 결국 공립 어린이집을 결정하였다. 지금 생각해도 정말 잘한 결정이었다. 사립 어린이집에 보냈다면 이탈리아의 일반적인 교육 시스템에 대해 알지 못했을 뿐만 아니라, 전체 교육 시스템에 대하여도 편견을 가질 수 있었을 것이다. 1년여밖에 안 되는 짧은 기간이었지만, 아이에게도, 우리 부부에게도 모두 유익하고 즐거웠던 경험이었다.

1년여를 이탈리아 어린이집에서 보낸 첫째에게 어떤 일이 벌어졌었을까? 가족과 떨어져 지내는 것에 익숙하지 않은 아이 때문에 사실 많이 걱정했다. 매일 아침 아이를 보내는 것은 전쟁 이상이었다. 무조건 엄마와 떨어지기 싫어하는 아이, 그래서 우는 아이를 생면부지의 이탈리아 보육교사에게 맡기는 것도 찜

찜했다.

아이가 운다고 막 대하지는 않을까, 아이가 잘 지낼까 하는 걱정에 한 동안은 아무 것도 할 수 없었다. 그러나 두 주일쯤 지나면서 그 걱정은 기우에 불과했다는 것을 알 수 있었다. 아이가 이탈리아어를 배우는 속도도 그렇고, 선생님들과 너무 잘 지내는 것도, 새로 배우기 시작한 그림 그리기까지 생활 자체를 즐기면서 어린이집 생활에 잘 적응했기 때문이었다.

선생님과의 정기적인 면담에서 우리는 기대하지 않았던 이야기를 들었다. 아이가 적응을 잘 할뿐만 아니라, 언어 구사능력이 이탈리아 아이들을 뛰어넘는다는 것이었다. 또한 색에 대한 감각도 뛰어나고, 그림에 상당히 창의적인 재능을 가지고 있다는 사실도 전해 들었다. 부모가 몰랐던 아이의 숨겨진 재능까지 끄집어 내 주었던 보육 선생님들이었다. 그렇게 어린이집 생활을 1년여 보낸 아이가 한국으로 돌아오자, 우리는 아이의 재능을 좀 더 살리기 위해 미술학원에 보내기로 하는 '한국적 결정'을 할 수밖에 없었다.

이 과정에서 이탈리아의 공교육과 우리나라의 사교육의 차이와 문제점을 확인할 수 있었다. 아이는 학원에 다니고 얼마 지나지 않아 그림 그리기에 더 이상 흥미와 재능을 보이지 않았다. 학원 원장의 얘기는, 아이의 사물을 바라보는 관점과 색감이 너무 달라 그림 공부에 제대로 적응하지 못한다는 것이었다. 그의 판단이 무조건 틀렸다고는 할 수 없지만, 다른 말로 하면 우리의 미술교육이 정형화되어 배우려는 아이의 창의적이고 독특한 색감이 적응하기 어렵다는 이야기일 것이다.

아이의 색감과 창의성은 그렇게 연기처럼 사라졌고, 아울러 유창하던 이탈리아어도 함께 잊혀졌다. 아이는 주위 누구도 이탈리아어로 말하지 않자 이탈리아어를 사용하려 하지 않았고, 읽기와 쓰기를 알지 못했던 아이는 이탈리아어를 완전히 망각하는데 두달이 채 걸리지 않았다.

우리 아이가 한국의 사교육 체계에 적응하면서 여느 아이들과 마찬가지로 한국적 사고를 갖게 되는데 걸린 기간은 불과 1년이 안 되었다. 물론 단편적인 개인의 경험만으로 전체를 평가하는 것은 옳은 일이 아니다. 그러나 이후 경험했던 한국의 사교육 시장은 이탈리아의 공교육 체계와 비교해 여러 가지 의미를 준다.

우선 한국의 사교육 체계는 아이를 더 좋은 학교에 보내기 위한 수단에 불과하다. 사교육의 전제는 명문대나 외국 유학을 위한 교육이다. 아이의 창의성이나 능력 개발이 우선이 아니라 성적과 시험, 경쟁에 초점이 맞추어지면서 더 높은 점수가 학업의 목적이 되어 버렸다. 따라서 점수를 더 얻기 위해서거나, 더 좋은 학교에 입학하기 위한 최적의 수단을 강구하고 연습하는 것이 모범생의 자세가 되었다. 독창성이나 창의성은 명문대 진학에 중요한 요소가 아닌 죽어버린 교육이다. 암기식 주입교육의 정형화만이 살아남는 환경이다.

우리 사회는 지금 누구나 교육받을 수 있는 권리와 기회가 점점 사라지고 있다. 이 교육체계에서 공교육의 정상화와 강화를 위한 방안은 한낱 탁상공론이나 현실을 모르는 사람의 무책임으로 매도된 지 오래이다. 이탈리아 교육 모두가 우리 교육보다 탁월한 시스템을 가졌다는 것은 아니나 우리가 진실로 아이들을 위한 교육에 노력하고 있는지는 깊이 생각해 볼 필요가 있다. 명문대와 좋은 직장을 위해, 아이들을 무한경쟁의 세계로 이끌고 있지는 않은지 진지하게 고민해봐야 할 것이다.

에밀리아로마냐 지역의 또 하나의 장점은 높은 지방자치 수준과 이에 연계된 중소기업의 활성화가 잘 이루어졌다는 점이다. 이탈리아는 전통적으로 중소기업이 특화된 산업구조를 가지고 있다. 이러한 특징의 이면에는 지방자치단체, 중소기업, 해당 산업의 생산자동화, 여성인력의 활용, 산학연계, 생산 네트워크 등 여러 문제들을 종합 해결하는 정치구조가 있다. 곧 이는 거버넌스 통치구조이다. 에밀리아로마냐 지역은 이러한 거버넌스 네트워크 시스템이 가장 발달되어 있는 곳이다. 그리고 이를 가능하게 해주는 하나가 바로 지역단위 개발공사이다.

그래서 에밀리아로마냐의 거버넌스 유형을 '지역개발공사 주도 거버넌스' 형이라 부르기도 한다. 볼로냐에 본부를 두고 있는 에밀리아로마냐주의 ERVET은 바로 이러한 모델이다. 실제 ERVET의 구성이나 활동은 지역 거버넌스의 특징을 유지하면서 지역개발의 주체로서 정책적으로나 기능적으로 특별한 기능을 수행하고 있어 제3의 이탈리아 산업 모델로 평가받고 있다. 이러한 산업적 기반을 통해 볼로냐는 의료, 자동차, 전자 등 이탈리아에서 새롭게 부상하고 있는 첨단 산업도시로서의 면모를 유감없이 보여주고 있다.

이는 '제3의 이탈리아'라는 개념으로 정리되었다. 1990년대 이후 주목받았던 이 개념은 이 지역의 중소기업과 거버넌스 통치구조의 절묘한 조합이 만들어낸 새로운 현상이었다. 실제로 이것은 세계의 많은 지역개발 전문가들과 경제학자들이 주목했던 현상이었다.

'제3의 이탈리아'는 산업발전정책을 거론할 때 자주 쓰는 용어의 하나인 클러스터cluster와 함께 사용되는 것이 일반적인데, 클러스터가 성공한 곳이 바로 에밀리아로마냐 주이다. 1980년대 중반 이후 지역을 거점으로 한 지역경제 개발정책의 성공 사례로 주목을 받으면서, 최근에는 신산업지구, 신산업공간, 산업클러스터, 기술지구, 지역혁신체제 등의 새로운 개념을 설명하려는 시도들이 있어 왔던 바, 곧 이를 제대로 실현하고 있는 지역이 에밀리아로마냐 주인 것이다.

천 의 얼 굴 을 가 진 이 탈 리 아

Chapter 08

에뜨루리아의 보고
움브리아

ETRURIA
&
UMBRIA

아시지의 야경

움브리아(Umbria)주는 또스까나 주의 동쪽에
인접하여 중남부에서 유일하게 바다를 접하지 않은 지형적 특징
을 가졌다. 고대 로마보다 먼저 화려한 문명을 꽃피웠던 에뜨루
리아 문명이 가장 많이 남아 있는 곳이기도 하다. 작은 면적에 대
부분 구릉과 산지로 되어 있지만, 고대 도시문화와 중세 성문
화를 가장 잘 볼 수 있는 곳이다.

주도 뻬루지아는 한국인들에게도 친숙한 이탈리아 도시이
다. 안정환 선수가 뛰었던 이탈리아 1부 리그 뻬루지아팀의 근
거지이고, 이탈리아에서 가장 규모가 큰 외국인을 위한 이탈리
아어 학교가 여기에 있기 때문이다. 세계 각처에서 여기로 이탈
리아어를 배우러 오기 때문에 외국인들에게 가장 먼저 이탈리
아 문화를 보여주고 접하게 하는 도시이다. 물론 한국인들도 대
개 이곳에서 이탈리아어를 배운다.

뻬루지아는 시가지가 언덕 위에 위치하여 경사길이 많은 것
으로도 유명하다. 에뜨루리아 문명의 흔적도 많이 남아 있다.

고대 에뜨루리아 식의 화려한 도자기로 유명하며, 오랜 전통의 세계적 축제 움브리아 재즈가 매년 열리는 도시로도 널리 알려졌다.

뻬루지아에서 동쪽으로 20여분 거리의 아시지Assisi는 가톨릭 성지로 유명한데, 여기에 그 유명한 성 프란체스꼬 성당이 있다. 몇 년 전 지진으로 벽화와 예술품들이 파손되었던 아픈 기억도 있지만, 현재는 대부분 복구를 끝내고 일반인들에게 공개되고 있다. '프란체스꼬 수사의 비둘기'라는 애칭의 비둘기도 즐거운 볼거리의 하나이다. 특히 해질 무렵 멀리서 바라보는 아시지는 너무나 아름다운데, 태양의 색조와 각도에 따라 한 폭의 그림 같은 장엄한 광경을 드러낸다.

이외에도 중세 광장문화의 전형인 또디Todi, 암벽 위에 건설된 오르비에또Orvietto, 도시 전체가 중세적 모습을 고스란히 간직하고 있는 스뻴로Spello, 중세의 거대한 성聖 촛대 행렬이 유명한 굽비오Gubbio, 연극을 사랑하는 이들에게는 너무나 유명한, 세계적 연극제가 개최되는 스뽈레또Spoleto, 도시 전체가 하나의 미니어처를 연상케 하며 이탈리아 음식 따르뚜포tartufo와 살라메salame가 유명한 노르치아Norcia 등도 독특한 도시들이다. 이외에도 움브리아에는 언덕이나 구릉 위에 아름다운 중소 도시들이 산재해 있어 여행의 즐거움을 만끽하게 한다.

움브리아가 한국인들에게 많이 알려진 이유는 안정환이 몸담고 있었던 뻬루지아라는 축구팀 때문이었다. 이탈리아에서

천 의 얼 굴 을 가 진 이 탈 리 아

축구는 종교와 비슷하다. 2002년 한·일 월드컵은 그래서 한국과 한국 축구를 세계에 알리는 기회였다. 박지성이라는 스타가 탄생할 수 있었던 것도 축구 때문이었다. 축구가 세계인의 삶의 한 부분이 된 것은 축구가 갖는 역사성과 함께 국가를 대표하는 스포츠이자 한 편의 드라마와 같은 장면을 연출하는 특이성 때문이다. 축구를 누구보다 사랑하고 삶의 일부로 인식하는 이들이 바로 이탈리아인이다.

이탈리아는 종교 국가는 아니지만, 가톨릭에 의해 오랫동안 세속의 삶이 지배되어 왔다. 가톨릭이 국교로서 인정되고 있지는 않지만 적어도 삶과 윤리로 이탈리아를 지배하고 있는 것이다. 그런 가톨릭보다 축구가 더 강하다는 의미가 여러 면에서 이야기될 수 있다. 교황이나 대주교들보다 더 유명한 이들이 축구 선수이다. 축구가 이탈리아를 지배한다는 증거는 셀 수 없을 만큼 많다.

숱한 화제를 뿌렸던 이탈리아의 전 총리 베를루스꼬니를 비롯한 주요 정치가들도 광적인 축구 팬이다. 베를루스꼬니가 세계적으로 유명한 축구 클럽 AC 밀란의 실질적인 소유주라는 점은 널리 알려져 있다. 세계 축구계를 떠들썩하게 했던 유벤투스도 이탈리아의 대표적 기업 피아트 소속이다. 빼루지아 축구 클럽도 별 그림이 그려 있는 이탈리아 초콜릿 회사 소유이다. 이렇게 축구와 이탈리아는 분리하여 생각하기 힘들다.

축구가 이탈리아 사회에서 차지하고 있는 일상적 의미는 무엇일까? 첫째, 축구는 지역문제의 중심축에서 지역갈등을 대표하는 수단이다. 둘째, 축구는 계급과 정치 이데올로기, 그리고 많은 사회적 의미를 함축하고 있다. 이 두 가지 사실 외에도 축구를 중심으로 이탈리아의 경제구조와 사회구조가 광범위하게 얽혀 있다.

축구가 오래전부터 정치적 지향에서 움직여 왔다는 것은 여러 사건들을 통해 증명된다. 월드컵을 비롯하여 많은 축구 경기들이 정치적 선전이나 목적을 달성하기 위한 수단으로 활용되었다. 이탈리아도 지역문제의 중심에 있는 각 도시를 대표하는 축구 클럽이 있어 축구가 상당히 정치적 의미를 지닌 스포츠라는 점을 이해할 수 있다.

이탈리아는 오랜 분열의 시대를 마감하고 1861년 통일을 이룩하였다. 분열 기간 동안 '이탈리아' 혹은 '이탈리아인'이라는 정체성은 사라져버렸고, 자신이 자라고 생활하는 지역이 곧 그들의 전부이자 정체성을 대신하였다. 따라서 통일은 외국에 의한 지배 이상의 의미를 지니지 못하였다. 오히려 통일이 분열되어 있던 각각의 독특한 지방색을 더욱 강조하고 지켜나가도록 하는데 일조했고, 축구는 그러한 지방색과 지역 중심을 강화하는데 중요한 수단이 되었다.

이탈리아에서 축구 클럽이 생긴 것은 아주 오래이다. 19세기 말 도시 노동자와 지역 유지들을 중심으로 지방색을 드러낸 축구 클럽이 생기면서, 각 지방을 대표하며 통일을 거부하고 지방의 정체성을 확인하는 수단이 되었다. 또리노, 밀라노, 로마, 볼로냐, 피렌체, 나폴리 등 도시를 중심으로 축구 클럽이 잇달아 창단되면서, 국가보다는 지역, 지방에 자부심을 가진 이들이 자기 도시와 지역을 대표하는 상징으로 축구팀을 지원하고 성원을 보내기 시작하였다.

그렇게 축구는 지역을 상징하는 스포츠로 인식되어, 외형적 통일에 성공한 이탈리아를 영원히 분열시키는데 결정적 역할을 하게 되었다. 지역 간의 축구경기에서 지금도 심심치 않게 발생하는 소요와 폭력적인 시위는 일상처럼 여겨지게 되었다.

축구가 좀 더 다양한 정치색과 이데올로기 특징으로 나타나게 된 것은 파시즘 시대를 기점으로 한 현대 이후였다. 특히 무솔리니의 파시즘 정권은 축구를 정권의 위대함과 이탈리아 국민의 우수성을 알리는 도구로 활용하였다. 이는 1934년 월드컵 개최와 우승을 통해 유감없이 발휘되었다. 이어 1938년 프랑스 월드컵에서도 우승한 무솔리니는 한 걸음 더 나아가 모든 스포츠 용어를 이탈리아어로 바꾸고 외국어 사용을 금지시키면서 민족적 우월성을 축구를 통해 완성하고자 했다. 축구를 통해 위대한 이탈리아를 꿈꾸었다.

이는 식민지 전쟁과 유럽의 패권국가로의 도약을 위한 망상으로 나타났으며, 결국 제2차 세계대전에서 독일의 동맹국으로 전쟁의 한 축을 담당하게 되었다.

제2차 세계대전의 종전과 함께 파시즘 시대는 막을 내렸지

이탈리아 세리아 2011~12 시즌에서 유벤투스의 승리가 확정된 뒤의 그라운드 모습

만, 축구는 여전히 가난하고 어려운 이탈리아인들에게 희망과 위안을 주는 국가적 이벤트이자 스포츠였다. 많은 노동자들이 고된 노동의 위안을 축구에서 찾았다. 산업자본가와 정치가들도 자기들의 이익에 축구가 도움이 된다는 사실을 잘 알고 있었다. 지역과 도시에 따라 축구 클럽이 사회생활의 중심축으로 부상하였다. 주요 도시에 두 개의 이질적인 축구 클럽이 창설돼 치열하게 경쟁하게 된 것도 이 무렵이었다.

또리노의 경우 피아트가 모체인 '유벤투스Juventus'와 노동자들이 출자하여 만든 '또리노 축구 클럽'이 있었다. 밀라노에는 노동자들과 좌파 성향의 '인터 밀란'에 대항하는 우파 성향과 보수적 중산층이 지지하는 'AC 밀란'이 공존한다. 로마에서도 서민들의 축구 클럽이라 할 수 있는 '로마Roma'와 극우 성향이

천 의 얼굴 을 가 진 이 탈 리 아

면서 다소 인종주의적이고 엘리트적인 자본주의 성향의 '라찌오Lazio'가 경쟁체제를 갖게 된 것도 이 무렵이었다. 그 외에도 베로나를 비롯하여 주요 도시에는 두 개 이상의 축구 클럽이 지지계급과 정치적 성향 등을 달리하면서 활동하고 있다.

이렇게 도시들을 중심으로 지역의 중심축으로 축구 클럽이 자리 잡자 지역 유지와 산업자본가들, 그리고 유력 정치인들까지 이를 이용하게 되었다. 가톨릭 교리보다도 자기 지역과 도시의 축구 성적이 더 중요한 목표와 가치가 되어 버렸다. 사제의 강론보다 자기가 응원하는 축구팀의 감독이나 선수의 한마디에 더욱 귀를 기울이는 상황이 되었다. 오랜 역사를 가진 이탈리아 축구의 사회적 기능 면에서 보면 당연한 것일 수도 있다.

이탈리아인들도 그런 축구를 때로는 더럽고 추악한 것으로 만들어 버린다. 2002년은 한국에서 각별한 의미를 가진 해였다. 국민들에게 자긍심과 민족적 자부심을 심어주었던 세계인의 축제 월드컵을 일본과 공동 개최함으로써 변방과 미지의 한국, 한국문화를 알리는 최대 최고의 기회를 맞았던 해였다. 월드컵이 끝난 지 10여년이 되어 가지만, 여전히 우리의 가슴 속 깊은 곳에 자리하고 있는 즐거운 기억이다.

그런데 당시 참가국 중에서 가장 기억에 남은 나라가 어디였을까? 10의 8명 이상은 이탈리아를 꼽는데 주저하지 않을 것이다. 국민적 영웅으로 추앙 받았던 히딩크 감독의 네덜란드나 우승국 브라질보다 더 이탈리아가 많은 이들의 가슴에 각인될 수 있었던 이유가 있다. 그것은 16강전에서 맞선 한국과 이탈리아의 경기라는 외적 감동보다 경기 이후 보였던 내적 부수적 요인에 기인하는 것이다.

월드컵 출전 이래 16강 진출이라는 최고 성적을 거두었던 한국은 세계적 강호 이탈리아와 8강 진출을 다투게 되었다. 객관적인 전력에서는 한 수 아래였던 한국은 예선전에서 보여주었던 놀라운 전술과 전력을 바탕으로, 월드컵 사상 최고 성공적이었던 국민의 열화와 같은 응원을 뒤에 업고 강호 이탈리아와 한판 대결을 벌였다. 1 대 0이라는 스코어는 후반 43분까지 이어져, 8강 진출이라는 국민의 열망과 신화는 멈추는 듯했다. 그러나 경기종료 직전에 터진 극적인 동점골에 이어 연장 후반 터진 골든 골은 한 편의 드라마였다.

이로써 상대역을 맡았던 이탈리아를 조금은 멋진 추억으로 기억할 수 있을 만했지만, 이후 벌어진 상황은 한국 국민에게 멋진 상대역이 아닌 추악한 이탈리아로 각인되는 사태를 몰고 왔다. 경기 내내 폭력적이고 무례한 행동을 서슴지 않았던 로마제국의 후예들은, 그 명예에 걸맞지 않는 비열함을 넘어 급기야는 경기 후 운동장 시설을 파괴하고 투숙 호텔에서도 기물을 부수는 작태를 연출하고 말았다.

상황은 여기서 끝나지 않았다. 한국의 상황이 하나의 에피소드에 지나지 않았다면, 이탈리아 현지는 그야말로 최악의 사태였다. 필자는 당시 귀국을 앞두고 이탈리아에서 월드컵을 관전하고

천의 얼굴을 가진 이탈리아

있었다. 그래서 당시 이탈리아에서 벌어졌던 치졸하고 극악한 사건들에 대하여 비교적 정확하게 알 수 있다. 전 이탈리아가 들고 일어나 '한국 죽이기'에 나섰다. 이 사태는 필자가 다시 한 번 이탈리아에 대하여 심각히 생각하게 해주는 계기가 되었다.

16강전 전까지만 해도 한국인에게 이탈리아는 동경과 부러움의 대상이었다. 필자 역시 이탈리아가 가지고 있는 문화적 역사적 요소들에 대하여 무한한 경의와 경탄을 금하지 않았다. 이탈리아에 유학하게 된 동기도 바로 이러한 친밀감이 바탕이 되었음은 두말할 필요가 없다. 그러나 그 사건을 계기로 이탈리아의 야누스적 모습에 대하여 전 유학기간을 되새겨 보게 하였다. 5년이라는 짧지 않은 기간 동안 필자는 수많은 일상의 경험들을 겪었다. 그러나 이 돌출사건은 지나간 생활에 대한, 그 동안 보아왔던 이탈리아를 새롭게 돌아볼 수 있는 계기였다.

수천 년 로마 문명의 찬란함, 현대 유럽 문화의 토대를 마련해 준 르네상스, 그리고 유럽의 정신적 철학적 기반을 꽃피웠던 가톨릭의 이탈리아 뒤에는 그에 못지않은 추악하고 어두운 그림자가 드리워져 있다. 그때 이 이율배반적이고 야누스적인 모습의 이탈리아를 보다 명확하게 바라볼 수 있었던 것이다. 한국인들에게 이유 없이 체류허가증을 갱신해주지 않아 학교 입학이 불가능하기도 했고, 필자의 귀국 가방을 비행기 이륙 직전까지 검사했던 일화는 그저 웃어넘기기에는 섬뜩한 면이 있다.

외국 유학이나 체류 경험이 있는 이들에 있어 기본은 해당 국가에 대한 친근함이며, 체류 목적이 분명할 때 그 친근함도 분명해진다. 그렇지 않으면 그 나라에 대한 관점이 한쪽으로 치우칠 위험이 있다.

이탈리아도 우리에게 알려진 것이 단편적이거나 극단적인 경우가 많다. 아름다운 문화유산이 많다는 점 때문에 일방적으로 찬미하기도 하고, 국가 행정체계의 효율성이 낮다는 이유로 형편없는 나라로 치부해버리는 예도 종종 볼 수 있다. 외형적 모습으로 판단되는 이탈리아가 아닌, 그 나라의 내적 모습이 2002년 한·일 월드컵을 계기로 표출된 것이 아닌가 싶다.

그것은 제2차 세계대전 이후 가라앉아 있었던 파시즘이 축구를 통하여 부활한 것이 아닌가 할 정도였다. 문화를 사랑하는, 유럽에서도 드문 인간미가 아직까지 남아있는 이탈리아에 이런 일면이 있다는 사실은 우리에게 많은 것을 생각하게 해준다. 아름다움 뒤로 흐르는 피지배자들의 희생과 땀의 이탈리아를 보고 있듯이, 그 아름다움 뒤에는 또 수천 년 역사 속에 감추어진 이탈리아 민중들의 피와 땀이 묻어 있다. 지배자들의 이념이었던 파시즘 뒤에는 이탈리아 민중들의 희생이라는 본질이 숨어 있다. 한·일 월드컵 즈음 나타난 이탈리아의 전체주의 부활 조짐 역시 일반 국민들의 정서라기보다는 정치권력과 기득권층, 그리고 언론의 선동 선전이었다. 이 점들은 오늘의 이탈리아를 어떻게 바라보아야 할 것인가에 대한 적절한 답이 될 수 있을 것이다.

이런 이중성은 이탈리아라는 국가의 이중적 성격과도 긴밀하게 연결되어 있다. 위대한 세계문화유산으로 사랑을 받는 도시 로마도 이탈리아의 수도이면서 가톨릭의 수도로 한 도시에 두 개의 국가 개념이 존재하는 곳이다. 곧 이탈리아의 수도라는 민족적 성격 외에 가톨릭의 본산이라는 세계적 보편성을 가진 도시라는 점에서 로마의 이중성이 상존한다. 그런 점들이 이탈리아의 보편성과 특수성이라는 이중성과 연관되어 있으며, 여기에서 아름다운 이탈리아와 추악한 이탈리아의 모습이 투영된다.

아수라 백작의 양면성을 가진 이탈리아의 모습 중에는 현대사회의 치열함과 인스턴트적 삶을 반대하는 새로운 생활운동이 시작된 곳도 이탈리아이다. 패스트푸드에 길들여지고 조금이라도 빠른 삶을 추구하고, 언제 어디서나 동질의 식품을 빠른 시간 안에 먹을 수 있는 현대인의 삶을 자연친화적이고 행복지수를 높이는 생활 운동으로 시작한 '슬로우 시티Slow city'와 '슬로우 푸드Slow food' 운동이 그것이다.

'슬로우 푸드' 운동이 시작된 것은 '패스트푸드fast food'의 확산과 침투에 대응하기 위해 만들어진 건강한 음식과 생활이 계기였다. 1986년에 이탈리아 북부 삐에몬떼 주 브라Bra라는 고장에서 '슬로우 푸드' 운동이 처음 탄생하였다. '슬로우 푸드'는

문화잡지 〈라 고라La Gora〉의 편집장이자 이 지역의 문화운동
지도자의 한 사람이었던 까를로 뻬뜨리니Carlo Petrini가 시작한
국제적 운동이다. 본격적인 출범은 1989년 12월 파리에서 시작
되었으며, 와인에 대한 소개와 전문잡지를 발행하면서 출발하
였다.

이후 오랫동안 이탈리아 음식과 전통을 지키기 위한 다양
한 문화활동을 전개하고 있다. 주요 활동에는 문화 프로젝트
인 쁘레지디이Presidii 전개, 음식과 문화저널인 〈슬로우 푸드
에디또레Slow Food Editore〉의 발간 등이며, 와인과 음식 박람회
를 또리노Salone del Gusto al Lingotto에서, 치즈 박람회Salone dei
formaggi를 브라에서, 그리고 생선 박람회Salone del Slow Fish를 제
노바에서 개최하여 음식에 대한 이탈리아의 다양성을 지방에
맞게 조직화하고 있다. 또한 2004년에는 전 세계에서 최초로
전통 음식을 전공으로 하는 학부와 전문 대학원을 설립하였
다. 가스트노미 대학Universitá di Scienze Gastronomiche이 브라, 꼴
로르노Colorno, 제노바에 설립되었다.

'슬로우 푸드' 운동의 기본 목적과 활동 목표는 패스트푸드
와 인스턴트화 되어가는 전통 음식과 와인을 보존, 미래 세대에
전달하며, 관련 산업을 지켜내는 것이다. 이러한 내용을 담은
'슬로우 푸드 규정'이 1996년에 제정되면서 '슬로우 푸드' 운동
의 국제화는 계속 진행되고 있다. 2010년 기준으로 130여 개국
에 회원들이 있으며, 한국도 죽방멸치를 비롯하여 전통 음식과

술이 '슬로우 푸드' 운동이 지향하는 보존해야 할 음식과 제조 방식으로 선정되기도 하였다.

'슬로우 푸드' 운동은 다시 '슬로우 시티' 운동과 연계되었다. '슬로우 시티' 운동이 이탈리아에서 가장 먼저 출범할 수 있었던 것은 또스까나, 움브리아, 삐에몬떼와 같은 지역의 아름다운 풍광과 건강한 삶을 영위할 수 있는 자연환경, 오랜 문화유적들, 미각을 즐겁게 하는 와인과 음식들 덕분이다. 2000년 7월 20일 전통보존 및 자연친화적 삶을 지향하는 '슬로우 시티' 운동이 이탈리아의 소도시들이 중심이 되어 국제적인 운동으로 출범하였다.

'슬로우 시티' 운동을 주도한 지역은 또스까나와 움브리아이다. 거기에서 '슬로우 시티' 운동이 주도될 수 있었는가는 바로 앞에서 언급한 이유 때문이다. 이 지역을 여행해 본 사람들이면 누구나 알 수 있겠지만, 좁은 굴곡 길 위 펼쳐진 아름다운 풍광은 여행의 피로와 외로움을 달래준다. 어디에서나 볼 수 있는 구릉 위의 성과 같이 아름다운 집, 강렬한 햇빛, 넓게 펼쳐진 포도밭과 해바라기 밭, 그 어느 광경 하나 예사롭지 않은 이들 지역들이야말로 '슬로우 시티'의 의미에 가장 근접한 곳이다.

멈춰진 시간처럼 서서히 가고 있는 하루의 여유로움을 일상의 다양한 운동으로 담아내고자 시작한 '슬로우 시티' 운동. 선언서 내용을 간추리는 것이 이 운동이 가진 철학과 목표, 그리고 방식을 잘 알 수 있을 것 같아 몇 가지만 적어보겠다.

"현재 세계화라는 명목으로 점점 더 획일적이고 규격화된 문화와 생활을 강요하고 있는 시점에서 이와는 별도로 자체적인 특성을 갖고 획일적이지 않으면서 차별화된 도시 특성을 유지하며, 이를 통해 보다 인간중심적인 건강한 삶과 환경중심적인 생활을 위한 '슬로우 시티' 운동을 선언한다. '슬로우 시티' 운동은 그 지역 고유의 토양에 어울리는 자체적인 지역개발 환경정책을 실현하며, 그 지역 특성에 맞는 사회간접자본의 확충과 함께 환경을 보존한다. 보다 토속적인 산물과 음식을 개발하며, 전통적인 맛을 간직한 와인의 품질보증과 생산을 장려하고, 그 지역의 문화유산들을 보호하며, 역사적 전통에 맞는 문화유산들을 보존 전수한다."

'슬로우 시티'가 되기 위한 도시의 자격 요건은 상당히 까다롭다. 한국적 기준이나 판단과는 거리가 있다. '슬로우 시티' 운동에 참여하고자 하는 도시가 가져야 할 5가지 지수가 있다. 환경지수, 사회간접자본지수, 도시주거지수, 자연식품생산지수, 관광객접대지수가 그것이다.* 움브리아와 뻬루지아가 운

---

* 환경지수는 공기와 물의 정화 정도, 소음공해에 대한 통제, 쓰레기 분리수거, 에너지 절약, 보건위생 기관과 우체국 등의 적절한 배치 정도 등이다. 사회간접자본지수는 보행자와 자전거 전용도로의 점유율, 자전거와 전기자전거 대여점의 분포, 녹지면적 내 공중의자의 배치, 공공운수 수단 중에서 전기버스의 비율, 주요 상점과 사무실 근무시간의 적절한 조화 등이다. 도시주거지수는 자동차 도난방지 경보장치의 폐지, 공원에의 꽃나무 분포, 재생 에너지 자원의 사용 등이

동의 주요한 기준이 되고 중심이 될 수 있었던 것은 위 5개 지수들이 높았기 때문이다. 진정한 이탈리아의 맛과 와인을 즐기려면 이 두 운동의 족적과 흔적을 찾아보는 것도 색다른 방법일 것이다.

다. 자연식품생산지수는 무공해 농산물의 사용 및 개발, 무공해농산물 시장의 설치, 식품점과 식당에서의 자연식품 판매 등이다. 관광객접대지수는 도로 표지판이나 간판 등의 미관유지, 지역특산물의 시음 가능성, 연간 방문객 수에 맞는 공중화장실 설치, 지역특산물의 진흥, 관광정보의 정확성 등이다.

천의 얼굴을 가진 이탈리아

Chapter 09

중세의 멍에를 진 나폴리,
아름다운 깜빠냐

NAPOLI
&
CAMPANIA

화산에 묻혔던 뽐뻬이 시가를 복원한 모습

Napoli & Campania

세계 3대 미항의 하나로 알려진 나폴리. 뜨거운 태양과 아름다운 바다를 안고 있는 오랜 항구 도시. 신혼부부들이 동경하는 신혼여행지 카프리 섬을 바라보고 있는 도시. 세계 3대 미항의 하나인 나폴리가 속해 있고, 화산 속의 도시 뽐뻬이로 유명한 주가 깜빠니아이다. 라찌오의 남쪽에 인접한 이 주는 이탈리아에서 독특한 분위기를 갖고 있다. 많은 예술가와 문인들이 배출된 예향이며, 현재 이탈리아 예술계에서 활동하는 이들 중 많은 이들이 이곳 출신일 정도로 문화적 예술적 향기가 곳곳에 배어 있다.

깜빠니아 주에서 가장 먼저 얘기될 수 있는 도시는 주도 나폴리이다. 강렬한 태양과 아름다운 깐쪼네 한 곡이 정말 잘 어울리는 곳이다. 이탈리아를 여행하는 이들이 공통으로 느끼는 점이 있다면, 이탈리아는 지저분하고 무언가 정리되어 있지 않아 불편한 곳이라는 생각이다. 특히 중남부 지역으로 올수록 이러한 느낌을 더욱 갖게 되는데, 나폴리에 들어서면 이러한 생각이 틀리지 않았다고 확인시켜 줄만큼 어수선하다. 세계 3대 미항이라는 수식어에 걸맞지 않게 거리는 정리되어 있지 않고, 굉음을 내며 질주하는 모또리노motorino라고 하는 소형 오토바이들을 보는 순간, 이러한 생각은 실재로 다가온다.

그러나 이러한 느낌을 확 씻어버릴 수 있을 정도의 많은 것을 나폴리는 갖고 있다. 〈산타 루치아〉라는 가곡으로도 유명한데, 특히 해질 무렵 석양에 비치는 성을 등진 모습은 절경이다. 또한 삐자Pizza의 고장으로, 이탈리아 삐자를 대표하는 마르께리따 삐자와 해산물 요리는 나폴리에서 빼놓을 수 없는 즐거움이다. 이곳에서 소렌또Sorrento로 이어지는 뱃길과 도로도 아름다우며, '푸른 동굴'이라는 애칭의 까쁘리Capri 동굴은 전세계 신혼부부들의 관광명소이다. 이러한 자연의 아름다움이 예술의 고장 나폴리라는 명성을 가져올 수밖에 없다는 것을 느끼게 해준다.

이외에도 빼놓을 수 없는 도시가 뽐뻬이이다. 2천여 년 전 강대하고 부유한 상업도시로 경제적 번영을 만끽하고 있었는데, 갑자기 베수비오Vesuvio산이 폭발하면서 도시 전체를 묻어버렸던 비극의 역사를 갖고 있다. 도시의 번창함은 로마에도 절대 뒤지지 않았었다. 뽐뻬이는 정돈되고 풍요로운 당시의 모습을 아직도 갖고 있다.

뽐뻬이를 가로질러 소렌또 항을 돌아 남쪽으로 내려가면 그 유명한 아말피Amalffi 절벽이 나온다. 천 길 아래 낭떠러지를 끼

천 의 얼 굴 을 가 진 이 탈 리 아

고 나 있는 이 절벽은 자동차 선전에도 단골 등장하는 위험한 도로이지만, 그 풍경만큼은 어느 곳과 비교해도 아름답다. 그 밑에 있는 도시가 살레르노Salerno이다. 이 도시가 유명한 것은 이탈리아를 남북으로 횡단하는 A1 고속도로의 통행료가 이곳까지만 부과되고, 이 도시 아래로는 무료라는 사실 때문이다.

몇 년 전 나폴리가 자주 TV에 등장했었는데, 그 유명한 '쓰레기 대란' 때문이었다. 이 사건을 둘러싸고 여러 논란이 있었지만, 제일 큰 이유는 나폴리의 마피아 조직 까모라Camorra와의 관계 때문이다. 범죄조직과 쓰레기가 무슨 연관이 있을까 의아해 하는 이들도 있겠지만, 나폴리 시의 청소 용역업체를 까모라가 직접 운영하고 있다는 사실은 공공연한 비밀이다. 공권력에 도전하면서 사태를 이 지경으로 몰고 온 것은 독점 용역사업의 수익성을 좀 더 보장받기 위한 것이었지만, 지금도 해결의 실마리는 보이지 않고 있다. 오죽하면 2008년 4월 총선에서 승리한 베를루스꼬니가 제1차 국무회의를 나폴리에서 열었다.

여기에서 나폴리의 행정력과 공권력이 제대로 작동하지 못하고, 행정 효율성이 제로에 가까운 지역이라는 점에서 이탈리아의 특성을 엿볼 수 있다. 요즘 우리나라 공공기관은 업무가 명쾌하게 진행되고, 업무처리 과정도 충분히 공지되고 있다. 투명하고 빠른 업무처리는 일반기업들도 다르지 않다. 십 수 년 사이를 두고 대국민 서비스의 의미를 한층 느끼게 해주는 변화라 할 수 있다. 짧은 기간 동안 우리 사회에서 벌어진 변화를 보면서 대비되는 나라가 이탈리아이다. 이탈리아에서도 극단적인 곳이 깜빠냐이고, 그 중심에 나폴리가 있다.

이탈리아의 정부 체제는, 의원내각제를 기본으로 하면서 독일과 프랑스 대통령직의 중간 정도 성격을 갖는 부분적 대통령제를 가미한 제도이다. 언뜻 보면 상당히 자율적이고 효율적인 정치 시스템과 행정체계를 가진 것으로 평가될 수 있지만, 실제 보이는 모습은 무척 다르다. 1970년 법률에 의해 시행된 지방자치제가 실질적 자치를 구현하는 데 성공하지 못한 원인도 앞서 이야기한 마피아적 사회구조와 함께 국가행정의 비효율성 때문이다.

이탈리아를 비롯한 남부 유럽의 라틴계 나라들에서 살아본 사람들은 대부분 생활의 불편함이 이루 말할 수 없다는 점을 느낀다. 유학생이나 외국인들이 제일 먼저 갖추어야 할 체류허가증을 신청하고 갱신할 때마다 느꼈던 점, 간단한 서류 하나를 신청하거나 예금한 돈을 찾기 위해 은행을 방문하거나, 소포를 부치기 위해 우체국에 갈 때마다 느끼는 불편함은 엄청나다. 오랫동안 차례를 기다려야 하는 것은 너무 당연하고, 서류를 제대로 준비해 가도 항상 문제가 발생하여 다른 서류 준비에 시간이 걸리는 점 등은 행정만이 아니라 사회 자체가 투명성과 예측가능성이 너무 부족하다는 점을 드러내 준다.

이와 같은 행정의 불편함, 불투명성의 원인을 어디서 찾아야 할 것인가? 앞에서 이야기한대로 마피아적 사회구조도 한 원인

천의 얼굴을 가진 이탈리아

뽐뻬이의 화려한 한 귀족의 저택 정문모습

이고, 이탈리아인의 국민성에서도 그 원인을 찾을 수 있을 것이다. 그러나 무엇보다도 행정 효율성의 부족과 악화는 아무래도 정당정치의 비효율성과 권위주의적 통치 전통이 여전히 주류로 남아있다는 사실에서 찾아야 할 것 같다.

오랫동안 집권하였던 우파 정당이나, 야당으로 정책과 이데올로기 면에서 보다 선명하고 적극적으로 정치를 이끌어야할 좌파 정당 모두 명확하지 않은 이념적 구분을 통해 외양만을 바꾼 채 내려와 부패하고 비효율적인 정치구조를 만들었다. 이는 결국 국가경쟁력이나 행정효율성이 후진적 행태를 띠는 주요한 원인이 되었다. 그리고 이러한 비효율성의 한 가운데에는 부패한 정치사회 구조가 큰 몫을 차지하고 있다.

2010년 국제투명성기구에서 발표한 국가별 부패지수에서 우리나라는 39위를 기록한데 비해 이탈리아는 67위였다. 문화적, 제도적 요인들이 상호 연관성을 가지면서 복잡한 양상으로 나타나고 있는 이탈리아는 선진국임에도 여전히 부패가 만연해 있다. 이탈리아의 부패지수 67위라는 충격적인 순위는 여러 가지 의미를 시사한다.

　　오랜 기민당 중심의 연정을 거쳐, 베를루스꼬니나 중도좌파 연정의 등장이라는 일련의 변화에도 불구하고 여전히 부패지수가 높다는 사실은 여러 곳에서 반증될 수 있다. 새로운 사회적 갈등의 야기와 부정부패의 지속은 베를루스꼬니 정부가 추진해 온 개혁 정책들이 허구에 불과하다는 사실을 보여준다. 실제로 베를루스꼬니 덕분에 이탈리아의 부패, 비효율적인 국가 이미지는 더욱 고착화되고 있다.

　　필자도 이탈리아 생활에서 얻은 것이 있다. 한 사회의 투명성과 선진화는 국민소득의 다소 여부가 아니며, 또 선진국이기 때문에 사회가 투명하고 정의로울 것이라는 당위성도 오류라는 사실을 깨달았다. 이탈리아 생활 중 한국에서는 한 번도 없었던 변호사 선임 경험—그것도 무려 세 번이나—은 외국인들에 그리 우호적이지 않은, 부당한 행정체계와 불투명한 사회 이미지를 더욱 뚜렷하게 갖게 한 계기였다. 흥미로운 것은 이탈리아 국민들이 그런 문제점들을 분명하게 깨닫고 있음에도 그것이 개선될 여지가 없다는 점이다.

필자의 변호사 선임 사례 하나만 소개하겠다. 이 글을 읽는 독자분들은 전혀 이해가 안 될 이야기이다. 이탈리아 유학을 위해서는 먼저 비자를 받아야 한다. 비자 발급에는 학업 목적과 동기, 유학 대상 학교 등을 기재하여 심사기준으로 삼는 것이 일반적이다. 필자도 이탈리아에 입국하기 위해 유학할 학교 등에 대해 진술했고, 이를 인정해 비자가 발급되어 또리노라는 도시로 유학을 올 수가 있었다.

4년여의 라우레아 과정—학사와 석사의 통합과정 정도이며, 이후에 다시 분화되어 보다 체계적인 과정을 갖게 되는 이탈리아 대학교육 시스템—을 마무리하던 중, 사회과학대학장의 권유로 가벼운 마음으로 응시했던 게 국가연구박사 Dottorato di Ricerca 과정이었다. 이탈리아 국가연구박사 과정은 미국을 비롯한 앵글로 색슨계 국가에서 인정하는 박사학위 과정과 유사하면서도 약간 다른 점이 있다. 교수나 국공립기관의 연구자가 되길 원하는 이들은 이 과정을—선택적이긴 하지만—필수적으로 거쳐야만 한다.

이 과정이 처음 만들어진 것은 1985년이어서 이탈리아인들에게도 생소하였다. 또한 모든 대학에 일률적으로 이 과정이 개설되지도 않았다. 각 대학마다 국가에서 정한 규정에 따라 세부적이고 개별적인 학위과정을 개설해 놓고 있었다. 예를 들면 정치학 과정이라 해도 모든 대학에 개설되어 있는 것이 아니라, 세부 전공별로 각 대학에 제한된 인원 보통 3~5명만 선발하여 3년의 연구기간을 부여하고 있는 독특한 국가고시학위제도이다.

어쨌든 운 좋게 이탈리아인들 중에서 이 시험에 서너 번 이상 떨어진 이들도 수두룩한 것을 보면 첫 번째 시험에서 합격한 필자는 지금까지 수학하던 라우레아 과정을 그만두고 경제적 도움을 받으며 안정적으로 유학생활을 지속할 수 있었다. 그런데 문제는 체류허가증 갱신과정에서 일어났다. 경찰서의 체류허가 담당부서에서 갱신이 불가하다는 통보를 해 왔다. 자초지종 설명을 충분히 하였고, 대학 당국까지 나서서 설명하였지만 갱신이 불가능하다는 답변만 돌아올 뿐이었다.

지인들과 논의 끝에 할 수 없이 변호사를 선임하여 법적 대응을 하기로 결정했다. 주변의 소개로 외국인 전문 변호사에게 사건 아닌 이 사건을 의뢰하였다. 변호사는 자초지종을 듣자마자 당연히 갱신할 수 있으며, 경찰서를 상대로 손해배상을 비롯한 권리침해와 부당 행정에 대한 소송까지 가능하다고 이야기했다.

우여곡절 끝에 결국 2년여에 걸친 과정의 체류허가증을 갱신받을 수 있었지만, 이미 국가연구박사 수업기간을 거의 다 채워 더 이상의 체류가 무의미한 상황이 되었다. 변호사는 행정소송을 제기하자고 했지만 얼마나 시간이 걸릴지 모르는 상황, 아니 많은 시간이 필요하다는 것을 필자는 잘 알고 있었다. 필자에게 그것은 별 의미 없는 행동이었다. 결국 소송비용 반환을 비롯한

천 의 얼 굴 을 가 진 이 탈 리 아

손해배상 청구는 못하고 귀국했다.

일반인이라면 자기 사회의 제도에 대해 모두 이해하지 못할 수도 있다. 그러나 체류허가증을 발급하는 주무 관청이 관련 제도에 대해 무지에 가까워 내외국인들에게 불필요한 시간과 비용을 끼치고 있다는 사실을 이해한다는 게 쉽지 않다.

그렇게 필자도 소모적이기만 한 이탈리아 행정체계를 그대로 경험하고 일상의 한 부분으로 체득하면서 유학생활을 보냈다. 그만큼 이탈리아 행정체계의 비효율과 무질서는 생각보다 최악의 상태이다. 그러나 이탈리아인들은 이렇게 말한다.

"우리도 다 안다. 그래도 이탈리아는 굴러 간다."

그러한 이탈리아에서도 나폴리는 최악의 이미지를 갖고 있다. 이탈리아 사람들은, 다른 곳에서는 실현 불가능하지만, 꼭 갖고 싶거나 원하는 게 있다면 나폴리에 가라고 한다. 돈만 있으면 뭐든지 구할 수 있는 곳이 나폴리이다. 온갖 자격증에 대학 졸업장, 졸업 논문까지도 이곳에서는 구할 수 있다. 그만큼 도시 자체가 부패하고 썩었다는 반증이다. 세계 3대 미항의 하나가 이탈리아에서 가장 부패한 도시라는 사실이 안타깝다.

ITALIA

천의 얼굴을 가진 이탈리아

Chapter 10

대부의 도시 빨레르모,
문화의 보고 시칠리아

PALERMO
&
SICILIA

내륙에서 배를 타면 가장 근접한 거리에 위치한 시칠리아의 메시나 시의 모습

지 금 까 지   소 개 한   주 들 이 모두 내륙에 속해 있다면,
이번에 설명할 시칠리아는 이탈리아 최대의 섬이자 특별주다.
시칠리아 하면 으레 마피아의 탄생을 떠올리지만, 시칠리아 마
피아는 이탈리아 여러 마피아의 일부일 뿐 전체 마피아를 대표
하지는 않는다. * 마피아의 탄생보다 시칠리아가 더욱 흥미로운
사실은 무려 8개 이상의 문화**가 혼재하고 있는 독특한 역사적
배경을 가진 지역이라는 점이다.

여러 문화가 혼재하고 있다는 사실을 쉽게 확인할 수 있는

---

*   이탈리아의 마피아는 범죄조직을 통칭하는 것으로 알려져 있지만, 실제로는 시칠
리아의 범죄조직을 마피아라고 한다. 이탈리아의 대표적 범죄조직은 세 부류라
할 수 있는데, 시칠리아의 마피아, 나폴리의 까모라, 레지오 깔라브리아(Reggio
Calabria)의 은겐드라따(~nghendratta)가 이들이다. 유럽통합이 진전되고, 동
유럽의 사회주의 국가들이 붕괴되면서 동부 국경을 중심으로 난민을 불법적으로
이송하거나 밀수품을 들여오는 범죄조직이 발전하고 있다. 이들은 이탈리아 사회
의 주류로서 제3 신분이라고 불리기도 할 정도로 상당한 세력으로 성장하였고,
이는 이탈리아 사회구조의 부패와 부정의 핵심적 역할을 하기도 한다.

**   그리스, 로마, 북아프리카, 바이킹(노르만), 아랍, 스페인, 지중해 해양문화 및 토
착 문화까지 보통 8개의 문화를 이야기한다.

흔적은 건축물이다. 예를 들면 한 지역에 그리스 시대 건축물이나 유적에서 17세기 바로크 시대 양식들이 함께 존재—시라꾸사Siracusa, 따오르미나Taormina, 아그리젠또Agrigento 등의 도시에서 볼 수 있다—하고 있다.

하나의 건축물에서 여러 시대의 흔적이 드러나기도 한다. 주도인 빨레르모의 대성당이 그러한데, 지배 왕조의 변천에 따라 일부는 노르망디 양식으로, 바로 옆 부분은 아랍 양식으로, 다시 그 옆면은 고딕과 스페인 양식으로 수백 년에 걸쳐 지어졌다. 한국에는 비교적 덜 알려진 지역이지만, 역사와 문화에 흥미를 가진 분들을 위해 좀 더 세세하게 설명하겠다.

시칠리아는 황량한 구릉과 산으로 둘러싸인, 지중해에서 가장 큰 섬이다. 이런 선입견으로 이 지역을 본다면, 그저 그런 섬들과 비슷해 보인다. 그러나 '문화'라는 관점에서 시칠리아를 보면, 이탈리아의 어느 도시 어느 지역보다 더 흥미로운 곳이다.

우선 지형적으로 시칠리아는 요즈음도 가끔 거대한 불길을 토해내어 장엄한 풍경을 보여주는 활화산 에뜨나Etna산이 유명하다. 그리고 해안을 따라 그 아름다움으로 감탄을 자아내게 하는 수많은 절벽과 바닷가 도시들이 있다. 주도 빨레르모Palermo를 비롯하여 메시나Messina, 까따니아Catania, 시라꾸사Siracusa, 엔나Enna, 젤라Gela, 아그리젠또Agrigento, 마르살라Marsala, 뜨라빠니Trapani 등이 그 곳들이다.

빨레르모는 유네스코가 세계문화유산으로 지정한 곳이다.

흥미롭고 독특한 문화유적이 시가지 도처에 산재해 있으며, 시칠리아에서 가장 많은 바로크 시대 유산이 남겨 있다. 도시의 상징이 코끼리인 까따니아도 볼만 하다. 내륙과의 교통요지인 메시나와 까따니아 사이의 에뜨나 산 동쪽 해안에 위치한 쟈르디니 나소스Giardini Naxos는 시칠리아에서 가장 먼저 기원전 735년 개척된 그리스 식민지였다.

비잔틴 시대 시칠리아에서 가장 번성했으며, 아직도 그리스 시대에 건축된 원형극장이 잘 보존되어 있는 따오르미나 Taormina—이곳에서 보는 에뜨나산이 장관이다—도 중요하다. 그리스 식민도시로 지중해의 요충 역할을 했던 시라꾸사에는 기원전 5세기경에 지어진 원추형 극장이 있다.

시라꾸사를 돌아 반대쪽에 있는 항구도시가 젤라인데, 시칠리아에서 거의 유일하게 그리스 시대 군사 축조물이 남아 있는 그리스 식민도시이다. 엔나는 젤라의 북쪽을 향해 한 가운데에 위치해 있다. 여기에는 이탈리아에서 가장 높은 곳해발 931m에 위치한 까뽀루오고 디 쁘로빈치아Capoluogo di Provincia, 우리나라로 치면 군청 소재지에 해당의 장엄한 롬바르디아 성Castello di Lombardia 이 있다.

롬바르디아 성에서 자동차로 20여분 가면 그 유명한 빌라 로마나 델 까살레Villa Romana del Casale가 있다. 이 건축물은 제국 로마시대3~4세기경에 축조되었는데, 아프리카에서 맹수를 잡아 와 로마의 격투기장으로 보내던 부유한 동물 거래상의 호화주택

영화 〈대부〉에 나오는 빨레르모의 대극장 앞모습

일 것으로 전해진다. 노르만 왕조 시대의 홍수로 건물과 정원
등이 진흙더미에 묻혀 있다가 19세기 말에 발굴되었다. 이 건축
물이 유명한 것은 3,500㎡에 달하는 면적에 세워진 축조물의 바
닥 전체 모자이크화 때문이다. 이 모자이크화는 로마시대의 예
술기법과 취향을 연구하는데 아주 귀중한 자료이다.

　여기에서 서쪽으로 이어진 해안도시가 아그리젠또이다. 여
기에는 그리스 도시들보다도 원형이 잘 보존되어 있다는 평가
를 받고 있는 고대 그리스풍의 신전이 6개나 있다. 아그리젠또
는 기원전 4세기경 젤라의 식민도시로 출발했는데, 아크라가스
Akragas 왕조 하의 고대도시 중에서 가장 아름다웠다고 한다. 아
그리젠또는 현대 희곡사의 중요 작가로, 1929년에 노벨 문학상

천 의 얼 굴 을 가 진 이 탈 리 아

을 수상한 루이지 삐란델로Luigi Piarndello의 생가와 묘가 있는 곳으로도 유명하다.

다시 해안을 따라 북쪽으로 올라가면 마르살라Marsala라는 곳이 있는데, 여기가 그 유명한 발효주 마르살라가 탄생한 곳이다. 고대 유적들이 여전히 위엄을 자랑하는 뜨라삐니Trapani와 알까모Alcamo도 시칠리아 여행의 묘미를 충분히 즐길 수 있는 곳이다.

그러나 그런 아름다움 뒤에 감추어진 어두운 모습 때문에 시칠리아에 대해 부정적 느낌을 갖게 한다는 사실은 참으로 아이러니하다. 마피아로 대표되는 범죄 집단이라는 연상, 남부 특유의 구차함과 빈곤의 이미지를 갖게 하는 것이 바로 시칠리아의 어두움이다.

이탈리아를 여행하는 사람들이 느끼는 이탈리아에 대한 인상은 두 극단이다. 하나는 너무나 아름답고 즐거운 이탈리아이고, 다른 하나는 너무나 지저분하고 불편한 이탈리아이다. 그런데 문제는 두 극단이 현실을 아주 적절하게 반영하고 있다는 점이다. 이탈리아의 이중성에서 특히 이해하기 힘든 것은 부정적이고 불편한 이탈리아이다. 이탈리아의 성격을 규정하는 몇 가지 사회문화적 요인이 있다. 마피아적인 사회구조와 불편부당한 행정조직, 국가 효율성이 그것이다.

이탈리아의 범죄조직에서 시작해 세계 수준의 범죄조직의 대명사가 되어 버린 마피아는 원래 시칠리아라는 이탈리아 부속

섬의 범죄조직을 일컫는 말이다. 시칠리아라는 섬에서 어떻게 세계적 유명세를 가진 범죄조직이 탄생하였을까 하는 궁금증은 마피아의 기원과 역사를 보면 금방 해소된다. 시칠리아 마피아 뿐만 아니라 이탈리아의 범죄조직은 이탈리아의 오랜 분열과 외세의 지배 등과 긴밀한 관계를 갖고 있다. 시칠리아의 마피아는 곧 혼란스럽고 억압받은 사회구조의 산물이다.

18세기 말 외세 지배 하 시칠리아에서는 비적 사건이 빈번하게 발생하였다. 그리고 이 사건들이 점차 규모가 커지고 하층계급과 연계되면서 저항세력이자 범죄자 집단이라는 의미를 갖게 되었다. 비적 수준의 마피아 단체들이 본격적으로 조직과 활동에 들어간 것은 아이러니하게도 이탈리아가 통일을 완성한 1861년 이후였다. 통일 이후의 혼란한 사회질서 속에서 마피아는 정돈되지 않은 지역의 주도세력으로 떠오르게 되었고, 곧 이들은 시칠리아와 이탈리아 남부에서 건너간 미국 이민자들에 의해 재정지원을 받아 성장하는 역사의 아이러니를 낳게 된다.

19세기부터 미국 동부로 이민을 떠난 이탈리아인들은 식당과 술집을 열고, 여기서 마약, 술, 매춘 등으로 돈을 번다. 귀소본능이 강한 이민 이탈리아인들이 자기 고향에 부동산을 구입하고, 미국 동부를 중심으로 형성되었던 이탈리아계 갱 집단의 자금이 시칠리아의 마피아 조직에 연계된다. 이러한 피드 백 과정을 통해 성장한 마피아는 시칠리아와 남부의 주요 거점을 중심으로 거대한 범죄조직으로 뿌리내렸다. 시칠리아의 마피아,

나폴리의 카모라, 레지오 깔라브리아의 은겐드라따 등이 이같은 범죄조직의 전형이다.

마피아를 비롯한 지방의 범죄조직은 당해 지역의 정치, 경제, 사회, 문화계 지도자 및 기득권자들과 연계되어 사회 곳곳에 지대한 영향을 미쳤다. 그리고 이런 유착관계는 하나의 사회구조로서 안정화되어 이탈리아 국가사회 전반에 지속적으로 적지 않은 영향을 미치게 된다.

마피아적 사회구조는 이렇게 형성되었다. 곧 범죄조직의 대표인 마피아의 특정 지역사회를 지배하는 구조와 관계망이 이탈리아 전역으로 확산되고, 이것이 관공서와 시민의 일상까지 관통하는 사회구조로 고착된 것이다. 범죄조직이 사회구조 안에서 중요하게 역할 하는 요소라는 점이 이해하기 쉽지 않지만, 이들이 사회의 일상 구조 속에 편입된 것은 이탈리아의 지역개발정책 및 남부개발 등과 관련이 있다.

마피아가 공식 사회구조 속으로의 진입을 본격화한 시기는 1950~60년대이다. 마피아는 이 시기 이탈리아 정부를 구성하고 있었던 기민당 정권과 동반성장하면서 보다 구체적이고 분명한 사회세력으로서 모습을 드러냈다. 특히 남부개발이라는 명목으로 시행된 국가정책은 지방에서 막강한 영향력을 끼치고 있었던 마피아들에게 도로, 교량 등의 건설 분야에서 합법적인 경제적 토대를 제공하였다. 그리고 관광산업이 정착되기 시작한 70년대 이후에는 요식업이나 호텔업에 진출하면서 또다시 경제적 기반을 구축하였다.

　1970, 80년대를 거치면서 고착화된 마피아적 사회구조는 정치적으로 후견인제도*나 파벌주의, 가족주의 등과 연계되어 부패구조의 폐해를 더욱 양산하였다. 마피아적 사회구조의 또 다른 근간인 후견인주의와 가족주의는 어떤 의미를 갖는 것일까? 마피아적 이탈리아 사회구조를 이해하기 위한 기본 개념으로서 후견인주의와 가족주의를 살펴보려면 이탈리아 역사에 대한 설명이 필요하다. 이는 다음과 같이 정리할 수 있다.

　이탈리아 사회는 전통적으로 남성 중심의 대가족 제도를 근간으로 삼았다. 20세기 초 파시즘에 의해 진행된 남성우월적인 가족과 사회제도는 가부장제를 유지하고 있던 남부와 중부 이탈리아에 보다 깊은 흔적을 각인시켰다. 혈연과 가정에 대한 중시는 '가족'을 사회의 중심과 주체로 설정하게 하였고, 이는 지연과 결합하면서 더욱 강력한 가치판단의 기준이 되었다. '가족주의'는 1958년 에드워드 반필드Edward Banfield가 바실리까타Basilicata의 끼아로몬테Chiaromonte 지역 농부들의 행동양식을 연구하는 중에 '무도덕적 가족주의'라는 용어를 사용하면서부터였다.** 이후 몇몇 학자들이 이 용어를 원용하였는데, 보

---

*　이탈리아의 오랜 전통의 하나로 로마시대 토지 소유자와 군사적 실력자 사이에 맺어진 관계에서 유래된 정치적 관행이다. 보통 중앙의 주요 인물을 후견인으로 놓고 그 아래 수많은 직위와 끈들이 연결되어 있는 것으로, 우리의 혈연이나 지연, 학연 등의 복합적 구성으로 이해하면 된다.

**　Ginsborg Paolo, 1998, *L'Italia del tempo presente-Famiglia, societá*

다 구체적으로 정치적 의미를 부여한 사람은 진스보르그 Gisborg였다. 그는 자신의 저서에서 가족주의를 다음과 같이 정의하고 있다.*

가족주의는 가족과 사회 및 국가 간의 관계를 특징적으로 나타내는 말이다. 이 용어 속에는 가족의 이해와 가치가 인간의 삶속에서 부닥치는 다른 이해관계나 순간에 작용하게 되는 우월적인 원칙으로, 윤리적이고 도덕적인 판단의 기준을 떠나 몰윤리적이고 무도덕적인 원칙에 의해 형성된 사회관계의 기준이라고 할 수 있다.—특히 이탈리아에서는 국가나 사회에 대한 응집력이 약하기 때문에 전통적으로 국가나 사회에 대한 불신을 통해 '우리'라는 결속의 단위를 가족에서 형성해 온 역사적 경험들이 강하게 작용하여 만들어진 사회 작동의 원리로 이해할 수 있다.

가족주의가 사회 작동의 커다란 원칙으로 작용하게 된 것은, 진스보르그가 밝혔듯이, 이탈리아특히 남부의 시민사회가 더디게 발전하였고, 이탈리아 통일과정에서 남부와 북부의 지향점이 다르면서 발생했던 차이가 국가적으로 통합되지 못

civile, Stato 1980–1996 (Torino: Einaudi), pp. 185–91. 이탈리아 가족주의에 대한 보다 자세한 내용은 다음의 책을 참고할 것. E. Banfield, 1976, Le basi morali di una societá arredata, a c. di D. De Masi(Bologna: IlMulino), C. Tullio Altan, 1986, La nostra Italia(Milano: Feltrinelli), G. Gribaudi, 1993, "Familismo e famiglia a Napoli e nei Mezzogiorno" (《Meridiana》 n. 17), pp. 13–41.

*　　 P. Ginsborg, 1994, Stato dell' Italia(Milano: Mondadori), pp. 78–82.

하면서 오늘날 하나의 사회문제로 발전되었다고 분석하고 있다.* 특히 이탈리아가 내세우고 있는 가족중심 기업경영의 신화 속에도 이러한 가족주의 원칙이 작용하고 있다는 것이다.

가족주의와 함께 또 다른 사회 작동의 원리가 후견인주의 clientelismo이다. 가족주의가 비공식적 관계를 규정하는 용어인데 비하여, 후견인주의는 공식적 관계를 나타내고 있다는 점에서 보다 분명한 사회 작동 원리라고 할 수 있을 것이다. 여기서 '공식적'이라는 의미는 개인과 개인 차원뿐만 아니라 개인과 정치인, 정치인과 정당, 정당과 정부와의 관계까지도 후견인주의 원리가 작동된다는 것을 말한다.

1950년대 이후 가장 중요한 정치권력이었던 기민당DC을 정점으로 수직적 구조의 후견인주의가 공고하게 자리 잡으면서 지역과 중앙을 연결하는 유대의 끈이 기능하였다. 후견인주의를 뒷받침하는 요인에는 정서적이고 심리적인 것들이 많다, '친분관계', '추천', '호의', '사적인 관계' 등의 정서를 통하여 지역유지와 중앙의 유력 정치가들이 개입, 관직 임명이나 사업 성공까지 결정되는 예가 수없이 존재한다.

국가 입장에서 보면 지방에서 중앙정부에 대한 우호적 여론

---

* 리소르지멘토를 거치면서 남부와 북부는 경제적 사회적 여건, 지향점들이 충돌하게 된다. 결국 북부 삐에몬떼 왕국에 의해 달성된 통일이 미완성의 형태로 오랫동안 유지되면서 남부문제, 공화주의와 입헌군주제, 보호무역주의와 자유무역주의 등의 충돌과 대립으로 상황이 더욱 악화되었다.

천 의 얼 굴 을 가 진 이 탈 리 아

을 형성하거나, 정부의 정책시행에 대한 협조와 성공을 후견인 주의를 통해 해결할 수 있다는 점에서 상당히 매력적이었다. 지방 유지와 중앙 정치가도 지역에 기반한 정치적 영향력을 항상 유지할 수 있고, 그러한 정치적 관계를 통해 기득의 권력을 관리할 수 있다는 원리에서 상호공존과 필요성에 의해 조절되며 작동하는 것이다.

이렇게 유지되는 친밀하고 사적인 관계들은 '교환의 논리'라는 사회적 원칙으로 재현되고 가속되었다. '교환의 논리'라는 원칙은 이탈리아 마피아에서 사업의 대가성을 둘러싸고 진행되는 많은 일들의 결정 원칙이었다. 실제로 일상에서도 이와 같이 '주고받는 교환의 원칙'이 중시되었다.

그 어느 나라에서도 청탁의 대가를 이야기할 때 매개되는 수단이 돈이다. 그리고 대가성 돈은 반드시 그에 따른 반대급부로 환원된다. 영향력 행사에서 윤활유 역할을 하는 돈은 결국 '교환'의 전제조건이자 최종 귀결점이 되는 것이다. '교환'이 작동하는 메커니즘 속에서는 정치권력이 매개자 기능을 한다. 이러한 구조 속에서 유용하게 교환의 논리를 달성시킬 수 있는 것은 국가 발주 사업과 용역의 낙찰이다.

정치가에게 주는 불법 정치자금, 낙찰의 대가로 지급되는 검은 돈은 이탈리아 정계에서 하나의 공식으로 굳어져 있었다. 이는 마니뿔리떼 수사에서 속속들이 밝혀진 바 있다. 피에트로^{Di Pietro} 검사를 비롯한 밀라노 수사팀은 이 사건을 철저히 밝히는데 수사력을 집중하였고, 동시에 사건의 실마리를 제공했던 끼에자Chiesa를 설득하여 오랫동안 관행으로 정해진 불법 정치자금 시스템을 밝혀내는데 성공하였다. 끼에자 수사과정에서 여러 가지 새로운 사실들이 밝혀지게 되는데, 입찰 성공의 대가로 받는 정치가의 몫이 전체 공사비의 10%라는 사실, 그리고 이 돈의 정당별 배분 비율도 소상하게 드러났다. *

가장 흥미를 끌었던 것은 불법 정치자금의 정당별 분배 비율이었다. 끼에자는 공사비의 10%가 정치계에 전달되면, 사회당Psi에 5분의 2, 공산당Pci과 기민당Dc에 각각 5분의 1, 나머지 5분의 1은 군소 정당에 배분된다고 폭로했다. 이는 밀라노 주변의 입찰 관련 기업들, 특히 건설이나 관공서 하청업체들에게 공동으로 적용되는 배분 비율이었다.

한 가지 특이한 사실은 야당인 공산당과 군소 정당들에게도 일정한 비율이 항상 배분되었다는 점이다. 이는 결국 부정부패의 수준이 정치권 전반에 광범위하게 확산되어 있고, 일종의 규범과 규칙처럼 고착화되었음을 확인해 준 것이다. 이와 같은 '교환 비율'에 의해 검은 돈, 국가사업의 낙찰, 선거에서 입후보자의 확정 등에 불법행위가 있었고, 나아가 매관매직을 통해 '교환의 논리'를 철저하게 지켜왔다.

마피아가 하나의 사회집단으로, 정치세력으로 성장하게 된

---

*   G. Barbaceto, P. Gomez, M. Travaglio(2002), pp. 11~16.

따오르미나 그리스 야외극장

몇 가지 요인을 정리해 보면, 첫째 오랜 경험을 통해 19세기부터 지역의 주요 무장 세력이 되었고, 지방 유지들의 보호세력 역할을 하였다는 점, 둘째 미국으로부터 역수입된 재정 지원을 통해 국제적 범죄조직으로 성장하였다는 점이는 마피아의 주력사업이 주로 지역 이권에 개입하거나 법률에서 금지된 사업 - 매춘, 밀수, 마약 등 - 으로 수익을 얻는다는 사실을 상기하면 이해가 쉬울 것이다, 셋째 기민당과 밀월관계를 유지하면서 정부의 공공 정책을 통해 합법화의 길을 걸었고, 이것이 비교적 성공하였다는 점 등이다.

마피아는 남부개발기금 이외에도 80년대 관광과 서비스 산업 활성화 정책의 최대 수혜자가 되었다. 이로써 대낮에 공식적인 사업을 하면서, 한편으로 어두운 지하에서 비합법적 사업까지 함께 할 수 있게 되었고, 이것이 결국 지역경제와 지방에서의 정치적 영향력이 확대되는 계기가 된 것이다.

그러나 마피아도 결국엔 국가와 시민사회로부터 불법 폭력단체이자 범죄의 온상으로 지목되고, 공권력으로서는 척결해야 할 '국가의 적'이자 '공공의 악'이 되어 본격적인 마피아와의 전쟁 시기에 들어설 수밖에 없었다. 이렇게 하여 1970년대부터 대마피아 수사들이 본격적으로 벌어졌다. 또 1980년대 후반 마피아와의 전쟁을 통해 몇몇 가시적인 결과들이 알려지면서 마피아가 오랫동안 정치권과 유착되어 왔다는 사실이 밝혀졌다.

이에 따라 정치권에 대한 폭넓은 개혁의 필요성이 제기되었다. 이전까지는 마피아가 국가의 적대 세력의 하나였지만, 이제는 정치권력 구성의 주요 범주로 인식되면서 자연스럽게 국가권력 안으로 스며들었다. 이를 뒷받침한 세력은 말할 것도 없이 정치가와 정당이라는 사실 때문에 정치권과 마피아에 대한 수사 필요성은 국민적 공감대 속에서 자연스럽게 제기되었다.

이 시기에 유명한 마피아 전담 검사 팔꼬네Falcone는 부인과 함께 팔레르모에서 폭탄 테러를 당했고, 마피아 수사의 주축으로 팔꼬네 검사와 함께 국민적 신망을 얻고 있었던 보르셀리노 Borsellino 검사는 살해당했다. 이 사건들은 마피아의 국가적 위협의 심각성을 잘 드러내 주었다. 보르셀리노는 살해되기 이틀 전에 파브리찌오 깔비Fabrizio Calvi 기자와의 인터뷰에서 다음과 같은 사실을 밝혔다.

"베를루스꼬니는 마피아와 관련되어 있다. 1976년부터 1985년까지 베를루스꼬니 소유의 핀인베스트 그룹에 이탈리아 중앙은행 Banca d'Italia 으로부터 약 5천억 리라의 특혜지원이 있었다". *

이탈리아뿐만 세계를 경악시킬 만한 이 인터뷰는 보르셀리노의 죽음과 함께 특별한 이유 없이 TV 방영이 취소되었다. 현재까지 이탈리아 국민들은 그 폭로로 인해 보르셀리노가 살해되었을 것이라 추측하고 있다.

이렇듯 이탈리아에서 마피아는 이미 합법적 사회구성원으로 국가와 공생 또는 기생 관계를 유지하고 있다. 이들은 테러, 협박, 살인 등 무자비한 방식으로, 다른 한편으로는 검은 돈과 부적절한 관계 등을 통해 정치권뿐 아니라 검찰, 관료에까지 상당한 영향력을 발휘하고 있다. 이러한 사실은 이제 마피아가 이탈리아 사회구성체 논의에서 필요악으로 인식되고 있다는 것을 의미하며, 나아가 사회구조 자체가 마피아적 논리와 행동방식에 의해 움직이고 있다는 역설적인 반증이다.

마피아적 사회구조와 국가질서를 통해 이탈리아 사회를 읽어낼 수 있다는 점에서 선진국으로 간주되는 이탈리아 사회구조의 특이성, 그리고 그것이 우리 사회와 크게 다르지 않은 구조라는 점에서 또 다시 주목하고 놀랄 수밖에 없다. 우리가 알

---

*   E. Veltri/M. Travaglio, 2001, *L'odore dei sold* : (Roma: Editori Riuniti), pp. 47-89.

고 있는 이탈리아가 겨우 우리나라보다 못한 사회구조에 의해 작동하고 있다는 사실은 엄정하게 반면교사로 삼아야할 필요성을 제기한다.

Chapter 11

해상왕국 제노바,
천혜의 휴양지 리구리아

GENOVA
&
LIGURIA

Genova & Liguria

삐에몬떼주 아래에는 지중해성 기후로 1년 내내 따뜻하며 바다와 접해 있는 리구리아Liguria주가 있다. 조선업을 비롯한 중공업이 발달한 제노바가 주도이다. 이 주는 연중 따뜻한 기후가 이어져 산레모 같은 곳은 1월 평균 기온이 9.4도이다 겨울에도 휴양객의 발길이 끊어지지 않는다. 크고 작은 해변이 프랑스의 니스와 깐느까지 이어져 있어 무척 아름답다.

제노바는 뛰어난 조선술과 무역 중개업을 통해 11세기부터 이탈리아 반도에서 가장 발달하고 부강했던 도시공화국인 제노바공국 이후 이탈리아 역사에서 중요한 도시였다. 신대륙을 발견한 콜롬부스도 제노바 출신이었다.

길게 뻗은 해안선을 따라 경관이 빼어나고 유서 깊은 관광지와 미항들이 많이 있다. 가요제로 유명한 산레모, 리베리아 데이 피오리Riviera dei Fiori, 포르토피노Portofino, 친꿰테레Cinque Terre, 포르토베네레Portovenere 등이 낯설지 않은 지명들이다. 특히 스페지아Spezia 지방에 위치한 친꿰테레는 리구리아주 미항의 전형을 보여준다.

　다섯 개의 땅이란 뜻의 이곳은, 깎아지른 해안을 따라 자리
잡은 다섯 개의 해안 마을을 총칭한다. 접근하기조차 어려운 이
해안 마을들을 보노라면, 옛날 그 험악한 지형에 어떻게 마을을
건설하였을까 감탄스럽다. 기록에 의하면, 로마시대 천꿰테레와 인
접한 포르토베네레의 B.C 40년경의 기록이 남아있다에 이미 마을이 형성
된 것으로 추정된다. 아름답고 오래된 중세 건축물과 성벽이 지
금도 그 우아함과 아름다움을 뽐내고 있어, 1997년 유네스코로
부터 세계문화유산으로 지정되었다.

　이 지역은 길게 뻗은 해안선이 내륙의 산맥과 만나면서 많은
일조량과 적절한 바다 바람, 최상의 토양 조건 등을 갖추고 있
어 이탈리아에서 가장 품질 좋은 올리브유를 생산하는 곳으로
유명하다. 올리브유는 이탈리아에서 가장 비싸게 팔린다. 해산
물 요리와 포카차라고 하는 올리브 빵으로도 유명하다.

　뛰어난 해안 접근성과 제노바공국 시절부터 쌓아온 조선 노
하우 등이 아우러져 이탈리아 크루즈 여행의 시발지로 성장, 오
늘날에도 제노바 항을 거쳐 지중해 여러 곳으로 크루즈 선들이
떠난다. 그래서 제노바에는 값비싼 요트들이 즐비하고, 세계적
으로 유명한 요트 제조 회사들도 많이 있다.

　이 지역은 천연 화장품의 산지이기도 하다. 프랑스 등 몇몇
나라의 유명 화장품 회사들이 이 지역의 소규모 화장품 회사들
에서 천연 화장품을 OEM으로 생산, 그것을 세계 시장에 내놓

고 있다는 사실은 이제 더 이상 비밀이 아니다.

　조금은 밋밋해 보이고 꼬불꼬불한 바다의 도시들이 점 찍어 있듯이 퍼져 있는 리구리아는 들여다보면 들여다볼수록 아기자기하다. 천혜의 휴양지로서 이탈리아를 넘어 지중해의 보고가 리구리아 주이다.

Chapter 12

봉건과 근대가 만나는 곳
사르데냐

SARDEGNA

Saredgna

시칠리아 위쪽에 위치한 섬이 사르데냐Sardegna주이
다. 사르데냐는 언어적으로나 인종적으로 가장 이탈리아적이지
않은 주이다. 전체 분위기나 사회 문화적 기반이 다른 주들과 다
른 점이 많다. 사르도Sarde라고 하는 이 지역의 사투리는 고대 라
틴어의 원형을 확인할 수 있어 관심을 끈다. 근래에는 스페인어
의 영향을 받아 현재의 이탈리아어와는 단어와 발음이 상당히 다
른 언어족으로 고착되었다. 스페인, 특히 바르셀로나 중심의 까
탈로냐 지방 사람들과는 일대일 대화가 가능할 정도로 스페인어
와 비슷하다. 언어적인 유사함뿐만 아니라 몇몇 서부 지역 도시
들은 카탈로냐로의 편입을 주장할 정도이다.

기후는 온화하지만 강수량이 적고 척박한 토양을 갖고 있어
농업조차 적합하지 않아 이탈리아에서 가장 낙후된 지역의 하
나이다. 이탈리아 왕국 초기에 시작된 광산업 이외에 수산업과
목축업, 소규모 농업이 섬의 기반산업이다. 그러나 현대로 오면
서 천혜의 풍광과 오염되지 않은 바다라는 관광자원을 바탕으
로 이탈리아 본토와 인근 프랑스, 유럽 각국에서 많은 관광객들

이 몰려들면서 대중 휴양지로 자리 잡았다.

황금빛 모래사장과 기암괴석의 절벽이 아름다운 해안, 푸른 지중해 바다, 작렬하는 태양으로 유명한 사르데냐. 물개, 흰 당나귀, 야생말 등 희귀동물들, 아직도 손으로 짜 만드는 전통 카펫, 천연 염색의 실 등은 사르데냐의 향기가 듬뿍 묻어있는 특산물이다.

사르데냐 여자들은, 조선시대 우리네 여자들과 비슷하게 가정을 통괄하고 조정하지만, 평생 남편의 그늘 아래 살고 있다. 곧 가부장적 전통이 지금까지도 여전하여 봉건과 근대가 공존하고 있는 곳이라 할 수 있다.

그런 흔적들은 사회관습 속에도 고스란히 남아 있다. 그 중 독특한 것은, 사르데냐에서는 아주 가난한 사람은 부자에 대한 약간의 도둑질이 허용되는 관습이 있다. 그러나 이 경우에도 젖을 얻을 수 있는 염소 한 마리 정도만 허용했다고 한다. 양떼 모두를 잃은 사람에게는 두 마리의 양을 주고, 양을 잃은 사람에게는 일부러 눈을 감아 도둑질을 허용했다.

관습과 윤리의식이 독특한 곳인 만큼 복수에 대한 생각도 특이하다. 복수는 부정한 짓에 대한 정당한 행동이자 올바른 반응으로 보았다. 그렇다고 신의를 저버리지는 않았다. 사르데냐에서 신의는 절대 배반하면 안 될 것으로 여긴다.

그러나 오늘날 사르데냐에는 여러 가지 면에서 봉건적 굴레와 후진성을 벗고자 하는 젊은이들이 많이 있다. 주도 깔리아리

Cagliari에는 뭍으로 떠나기 위한 중간 기착지로, 돈을 벌기 위해 떠나려는 이들로 가득하다. 많은 사르데냐 젊은이들이 상급학교 진학이나 취직을 위해 고향을 떠나는 것은, 사르데냐가 아름다운 풍광 이외에는 먹고 살만한 그 무엇을 줄 수 없다는 섬의 산업구조 때문이다.

많은 유럽 부호들의—이곳에는 크기를 알 수 없을 만큼 거대한 베를루스꼬니의 호화 별장이 있다—별장이나 저택이 있지만, 젊은이들에게 매력적인 직장을 창출할 기업은 존재하지 않는다. 그래도 많은 이탈리아인들은 이곳이 그 아름다움을 항상 간직해주길 바라고 있다.

Chapter 13

아름답고 독특한
미지의 주들

동쪽 해안의 마르께주에 있는 산마리노 공화국에서 본 평원의 모습

움브리아 주 동쪽으로 해안을 접한 주가 마르께Marche이다. 세계에서 가장 작은 나라인 산마리노San Marino 공국이 북쪽의 에밀리아로마냐 주 경계에 접해 있으며, 서쪽 경계에는 아뻰니니Appennini 산맥이 뻗어 있고, 동쪽으로는 아드리아Adria해를 마주하고 있어 풍광이 아름답다. 내륙을 따라 가구산업, 특히 주방가구, 주방용품 산업이 발달했다.

주도 안꼬나Ancona는 해변이 아름다운 항구도시이며, 이밖에 크고 작은 휴양도시들이 남쪽 해변을 따라 빽빽이 들어서 있다. 주방가구 산업의 중심지 뻬사로Pesaro, 중세 고성이 고스란히 남아있는 우르비노Urbino, 아스꼴리 뻬체노Ascoli Piceno가 주요 거점 도시이다.

깜빠냐 주 동쪽으로 인접한 주가 아브루쪼Abruzzo이다. 이 주는 동쪽 해안을 따라 기후가 온화하며, 주의 중간지대를 아뻰니니 산맥이 가로지르는 지형 구조이다. 현대 이탈리아 문학계의 극우 보수주의 시인이자 소설가인 가브리엘레 다눈찌오

Gabriele D' Anuzzio가 태어나 활동한 곳으로도 유명하다. 다눈찌오는 극우 민족주의자로, 기이한 행적과 여성편력으로 유명하며, 이탈리아 파시즘의 기초를 제공했던 사람이기도 하다. 다눈찌오의 생가가 소재한 뻬스까라Pescara가 핵심 도시이며, 또한 해안을 따라 아름다운 소도시들이 여기저기에서 지역을 대표하고 있다.

몰리제에서 남쪽으로 해안선을 따라 이어지는 주가 뿔리아Puglia이다. 긴 장화 모양의 이탈리아 반도의 구두 뒤축에 해당한다. 온화한 기후와 강렬한 태양이 거의 1년 내내 빛나고 있는 이주는 이탈리아 반도에 대한 그리스의 식민 역사가 가장 오래 남겨진 곳으로 지금도 그 흔적을 어렵지 않게 찾을 수 있다. 발칸 반도와 가까워 고대부터 지중해 동안과 북아프리카 아랍문화의 영향을 많이 받았다.

주도 바리Bari에는 이탈리아 학계에 상당한 영향력을 가진 바리 학파가 활동하고 있다. 또 이탈리아 최대 소파 제조업체인 디바니 에 디바니Divani e Divani사를 비롯하여 많은 가구 관련 공장들이 산재해 있다. 곧 북부의 여러 기업들의 하청공장이 이곳에 많이 있는데, 이는 값싼 노동력을 활용하여 북부 주요 기업의 원료 및 부품 생산단지 역할을 하고 있다는 의미이다.

이 지역은 최근 불법체류 외국인 문제로 방송, 신문 등 언론매체에 자주 등장했다. 북부 아프리카나 알바니아와 가깝기 때문에 보트와 선박을 이용하여 그 지역 노동자들이 자주 밀입국한다. 이런 이유로 이 지역은 이탈리아가 통일 이전부터 갖고 있는 '남부문제'라고 하는 사회문제에 더하여 '외국인 문제'라는 또 하나의 사회적 과제를 지고 있다.

유럽의 여러 나라들도 대부분 지역문제를 갖고 있다. 영국은 4개 지역으로 나뉘어 1970년대까지만 해도 월드컵 예선에 4개 지역이 각기 대표성을 갖고 예선에 나섰다. 스페인에도 여전히 분리 독립을 위해 무장활동을 펼치고 있는 바스크 족이 존재한다. 벨기에는 프랑스계, 네덜란드계 국민들이 상호 소통이 어려울 정도의 지역성을 간직한 채 생활하고 있다. 이탈리아 역시 그런 지역문제의 나라로, 이 문제는 지금까지도 해결되기는커녕 더욱 세분화, 격화되고 있다.

2011년 이탈리아는 통일 150주년 행사를 치렀다. 그러나 통일 이후에 예기치 않은 사회문제들이 생겨 범국가적으로 고민할 수밖에 없었다. 통일이 가져온 가장 큰 사회문제가 바로 지역문제였다. 이탈리아의 지역문제는 통일 이전부터 역사적 중첩과 정치적 배경 등으로 인해 국민적 멍에로, 심각한 사회문제로 각인된 지 이미 오래이며, 지금까지도 그 양태를 바꾸어가며 현대 이탈리아를 양분시키고 있다.

이탈리아의 지역문제를 학자들은 '남부문제'라고 부른다. '남부'라는 단어에는 사회 정치적 개념들이 복합적으로 함의되어 있다. 우선 지리적으로 북부에 대비되는 지역으로서의 남부를 상정할 수 있다. 둘째 자유스럽고 모던함에 반하여 사회질서에 얽매이고 봉건적임을 상징한다. 셋째 산업화와 비교되는 개념으로서 농업 중심적인, 산업화가 뒤쳐진 구조를 갖고 있다는 의미도 있다.

이탈리아어 어원에서 '북부의nordico'라는 형용사는 북부지방을 나타내는 단순 형용사로 사용되지만, '남부의sudici'라는 형용사는 '더러운, 불결한'이라는 의미로도 전용된다는 사실만으로도 남부가 갖는 복잡한 함의를 짐작하게 한다.

남부문제 연구의 기원은 오랜 역사를 갖는다. 남부라는 지역문제를 정치적 범주에서 하나의 개념으로 발전시킨 사람이 안또니오 그람시Antonio Gramsci이다. 이탈리아라는 정치체제가 유럽 무대에 등장한 것은 1861년이었다. 그 이전 이탈리아라는 개념은 문학가들과 낭만주의 학자들에게만 존재했던 이념이었다. 그러므로 이탈리아라는 나라가 등장한 뒤에야 비로소 지역문제로서 남부문제가 제기되었음은 당연하며, 이를 하나의 실체로, 사회문제로 분명하게 접근한 사람이 그람시였다는 것이다.

시간이 흐르면서 남부문제는 정치적으로 더욱 복잡한 상황 속에 빠져들게 되었다. 우선 유력 정치 지도자들은 자기들의 지역적 근거지를 볼모로 삼아 북부와 남부의 편차로 인한 사회문제를 정치생명 연장의 수단으로 이용, 이를 국가 분열과 정치 통합의 결단이 필요한 더욱 복잡한 과제로 고착시켰다. 특히 정치적 후견인주의와 남부문제가 유착되자, 남부문제는 이 지역이 주요 근거지였던 기민당 지도자들의 강력한 지지기반으로 변형

되었고, 이는 1950~80년대까지 기민당 정권이 표방한 주요 정책 방향에 내포되었다.

또한 '남부문제'라는 남부의 지역문제가 지속적으로 제기되자 북부의 지역문제로서 '북부문제'라는 대립구조가 야기되고, 이를 틈타 북부에서는 북부 분리주의를 표방하는 정당Lega Nord: 북부동맹까지 등장하였다. 이렇게 지역문제가 이탈리아의 정치환경을 결정하는 중요 요소로 기능하면서, 그 정치상황을 극단적으로 복잡하게 만든 것이다.

'북부문제'의 등장은 현대 이탈리아를 이해하는데 필수적인 부분이다. 움베르토 보씨Umberto Bossi가 이끈 북부동맹은 이데올로기적 대립이 첨예하였던 1980년대부터 점차 두각을 드러냈다. 이후 북부동맹은 베를루스꼬니 우파 연정의 한 축으로 중요한 역할을 수행하였다.

그런데 북부동맹의 지지자들과 우파 연정 안에서의 그들의 역할을 살펴보면 흥미로운 점이 많다. 우선 북부동맹의 활동이 현행 이탈리아 헌법에 위배되는 측면이 있다는 점, 그리고 북부동맹이 다른 정당들과 전략적 제휴를 하고 있다는 점, 북부동맹 지지자 대부분이 자영업자로 다소 인종주의적 편견을 가진 사람이 많다는 점이다.

북부동맹의 지지 지역은 포강 중하류 평야지대로, 유럽 최대 쌀 생산지 빠다나Padana 평원이다. 그런 이유로 북부동맹이 분리 독립하고자 하는 나라 이름도 '빠다나 공화국'이다. 이들의 주장을 요약하면 다음과 같다.

"선진적이고 공업이 발달한 북부지역의 국민들이 낸 세금이 더 이상 국토개발이나 지역 균형발전이라는 미명 아래 남부나 도서지방 등 이탈리아의 후진지역에 사용되는 일이 없어야 한다. 세금은 거둔 곳에서 모두 쓰여 지는 원칙이 지켜져야 하며, 이를 위해서는 북부와 남부를 두 개의 국가로 나누어야 한다. 국가 분리가 안 된다면 적어도 느슨한 형태의 연방제 형식을 띠면서 두 지역을 분리해야 한다."

북부동맹은 이를 실현하기 위해 실제 정부가 들어설 행정구역을 정하였고, 자체적으로 경찰이나 군대와 비슷한 질서유지대를 보유하고 있으며, 기타 강령과 헌법에 준하는 기본원칙 등을 마련하여 자치주의를 주장하고 있다. 우리나라에서 이런 일이 일어났다면 내란 또는 헌법질서의 파괴에 해당하는 중죄였겠지만, 이탈리아는 이를 하나의 해프닝으로 간주한다. 이들은 이 주장을 펴면서 총선에서 베를루스꼬니와 연합하여 후보를 내고, 많은 지역에서 국회의원을 당선시킨다. 북부동맹의 지지자들은 어려서부터 돈벌이에 뛰어들어 자수성가하거나, 바, 식당 등 자영업에 종사하는 이들이 대부분이다.

북부동맹은 우파 연정에서 완벽한 캐스팅 보트를 쥐고 있다. 다수당은 아니지만, 이들을 빼고는 우파 연정이 수립되기 어려울 만큼의 세력 확보에 성공했다. 북부동맹은 전국적 지지보다는 북부 도시들을 중심으로 20~40%에 이르는 지지율을 확보하

천 의 얼 굴 을 가 진 이 탈 리 아

고 있으며, 시장과 현縣 지사를 여러 명 배출하였다. 베를루스꼬니에게는 그야말로 없어서는 안 될 정당인 것이다. 그러나 북부동맹의 정책이 우파 안에서 집권 베를루스꼬니 정당, 신파시스트 정당인 민족동맹Alleanza Nazionale과 동일하지는 않다.

북부동맹의 이탈로 우파 연정이 무너진 적도 있었다. 베를루스꼬니가 기업가에서 정치가로 변신한 뒤 1994년 총선에서 처음 승리하고 연정을 조직할 때 북부동맹도 이 연정에 참여했다. 당시는 마니뿔리떼의 여진이 남아 있었고, 베를루스꼬니 자신도 여러 가지 혐의로 기소된 상황이었다. 이때 베를루스꼬니가 추진하고자 했던 정책의 하나가 연금개혁이었다.

많은 국민들이 연금개혁에 반대했고, 이어 베를루스꼬니 퇴진 운동을 벌였다. 베를루스꼬니가 버틸 수 있었던 것은 의회의 과반수 확보였다. 그러나 북부동맹은 베를루스꼬니의 연금개혁이 이루어질 경우, 자기들의 주요 지지세력인 자영업자들에게 불리한 상황이 전개될 것임을 잘 알고 있었다. 지지세력의 북부동맹에 대한 연정 탈퇴 요구는 정치적 반향이 컸다.

그럼에도 불구하고 베를루스꼬니는 기어이 연금개혁 법안을 의회에 상정하였다. 결국 치열한 논쟁 끝에 북부동맹이 이 법안에 반대표를 던짐으로써 총리가 불신임되는 최악의 상황이 발생하였다. 베를루스꼬니가 총리직 수행 8개월여 만에 퇴진하고 다시 과도내각이 들어섰다.

대통령제와는 달리, 정부 수반인 총리가 의회에 발의한 법률안이 통과되지 않을 경우 불신임으로 간주하여 사퇴하는 것이 내각책임제이므로, 베를루스꼬니 역시 퇴진할 수밖에 없었다. 북부동맹의 이러한 입장은 그 뒤에도 종종 우파 연정 안에서 표출되었다. 그리고 이후의 총선에서도 그러한 입장 차이로 승리와 패배가 엇갈리기도 했다.

이와 같은 분리주의 운동의 배경에는 역사적으로 중첩되어 내려온 이탈리아 지역문제의 심각성이 떠받치고 있다. 이탈리아의 지역문제는 통일 이전부터 존재하였지만, 통일국가 등장 이후 더욱 구체적으로 드러났다. 이 점에서 이탈리아의 지역문제는 심각한 상태이며, 이 심각성이 다양한 분리주의 운동으로 발전되고 있어 인위적이나 강압적으로는 지역통합이 쉽지 않다는 것을 알 수 있다.

미래의 이탈리아는 둘, 또는 셋 이상의 이탈리아가 될 지도 모른다. 현재의 정치사회적 분리주의 운동은 하나의 거부할 수 없는 현상으로서 그 추이를 지켜볼 필요가 있다.

뿔리아에는 아름다운 도시들이 많이 있다. 주도 바리Bari와 포지아Foggia, 브린디시Brindisi, 레체Lecce, 따란또Taranto는 고대 그리스와 로마, 그리고 근대의 모습들이 혼재되어 있는 아름다운 도시이다. 이외에도 석회암을 쌓아 지은 원추형의 집—뜨룰리Trulli라고 한다—들이 빽빽이 늘어선 알베로벨로Alberobello시의 유적은 충분히 시간을 내어 가볼 만한 곳이다.

뿔리아 주를 돌아 서쪽으로 인접한 주가 바실리까따Basilicata 이다. 남부의 주 중에서 이탈리아인들에게 가장 덜 알려진 주가 바실리까따인데, 동쪽의 뿔리아 주와 서쪽의 깔라브리아 주 중간에 위치하여 이러한 주가 있는 지도 모르는 사람도 있다. 남쪽은 자연 그대로의 해변이 길게 펼쳐져 있어 아주 아름답다. 이렇다 할 공업지대는 별로 없고, 주로 농업과 목축업 등 1차 산업이 경제의 대부분을 차지하고 있다.

이탈리아의 내륙 18개 주 중에서 해안의 아름다움만을 가지고 이야기한다면 첫 손가락을 꼽을 수 있는 주가 깔라브리아이다. 장화 모양의 이탈리아 반도의 코 끝 부분에 위치한다. 삼면이 바다를 접하고 있고, 북부만이 유일하게 바실리까따 주와 경계하고 있다. 지중해로 이어지는 동서남의 해안이 강렬한 태양과 어울리고, 장엄한 기암괴석, 절벽, 아름다운 해안이 천혜의 자연 풍광지역임을 증명해 준다.

주도 까딴짜로Catanzaro보다는 레지오 깔라브리아Reggio Calbria, 꼬센짜Cosenza 등의 도시들이 중요하며, 해안의 절벽을 끼고 뜨로뻬아Tropea, 마리나 벨베르데Maria Belverde, 치로 마리나 Cir? Marina, 끄로또네Crotone 등 크고 작은 휴양도시들이 산재해 있다. 특히 레지오 깔라브리아에서는 마주한 시칠리아Sicilia 섬이 아주 가깝게 보이며, 열차를 이용하여 시칠리아로 갈 경우, 기차가 그대로 배에 옮겨지는 재미있는 경험도 한다.

또 하나 특별한 의미를 갖는 주가 발레 다오스따Valle d'Aosta

이다. 이탈리아의 20개 주 중에서 가장 면적이 작다. 주 이름과 면적이 단일 행정구역—이탈리아어로 쁘로빈치아Provincia라고 함—인 특별 주이다. 서쪽으로는 프랑스 쪽 알프스의 최고봉 몽블랑 자락 밑에 위치해 있으며, 북쪽으로는 스위스와 접해 있다.

이탈리아에서 가장 아름다운 '넓은 천국'이라는 뜻을 가진 그란 빠라디조Gran Paradiso 국립공원이 있으며, 역사적으로 프랑스의 흔적이 많이 남아 있는 곳이다. 많은 사람들이 여전히 프랑스어를 사용하고 있고, 음식에서도 프랑스의 흔적을 쉽게 찾아볼 수 있을 정도로 문화적으로 프랑스의 영향을 많이 받은 곳이다.

곳곳에 중세의 조그만 성들이 원형 그대로 남아 있어 유물 유적도 많은 편이다. 서쪽과 북쪽 양면이 알프스로 둘러싸여 그림 같이 아름다운 풍광이 눈을 즐겁게 하는 곳이다. 공기가 매우 맑으며, 산악과 구릉지대가 많아 여름을 제외하고 거의 1년 내내 스키와 휴양을 하려는 사람들이 많이 찾는다.

주도 아오스따Aosta에는 로마시대 유적이 아직까지도 잘 보존되어 있다. 아름다운 중세의 성들이 보존되어 있는 페니스 Fenis도 볼만한 곳이다.

천 의 얼 굴 을 가 진 이 탈 리 아

맺는 말

이탈리아의 정체성과
이탈리아 문화의 미래

지금 까지 읽 어 온 내 용 을 종합하는 것은 그리 쉽지 않을 것이다. 우리가 듣고 보아왔던 이탈리아에 관해 전혀 들어보지 못했던 내용도 있었다. 그러므로 이를 어떻게 조합하여 온전하게 이탈리아 반도의 정치 문화적 지형을 완성할 것인가는 쉽지 않다. 너무나 다양한 이탈리아의 모습을 하나로, 몇 줄의 글로 정의할 수 있는 '이탈리아성', '이탈리아의 정체성'이 있을 수 있는가에 대한 의견도 분분할 것이다.

오류의 위험성도 상존하지만, 책을 마무리하면서 이탈리아적인 것, 이탈리아적 전형의 특성을 정리해보고자 한다. 이탈리아에 대해 이야기할 때 가장 많이 던지는 단어가 다양성이라든지, 천의 얼굴을 가진 이탈리아라는 말 등이다. 앞서 보았지만, 그 말이 틀리지는 않다. 그렇다고 온전하고 적절하게 이탈리아를 설명하는 것도 아니다. 이렇게 국가적 정체성을 확인하기 어려운 나라가 있을까 싶을 정도이지만, 가만히 들여다보면 이탈

발레 다오스따(Valle D'aosta)에서 바라본 풍광

리아적 특성을 이해하는 몇 개의 키워드가 있다. 가장 먼저 떠오르는 단어가 코스모폴리타니즘이고, 두 번째가 이탈리아 민족, 세 번째가 지역성이다.

　코스모폴리타니즘을 우리말로 번역하면 '세계시민주의' 혹은 '세계지향주의' 정도일까 싶다. 공식적으로는 그리스인들이 세계인을 그리스인과 야만인으로 구분하면서, 자기들이 우주 전체이자 세계의 중심이라는 뜻에서 사용한 개념이다. 그런데 이러한 전통이 이탈리아로 넘어오면서 지배자들과 지식인들에게 공통된 특징으로 남게 되었다. 다시 말하면 이탈리아인들만큼 자기주장이나 학설, 세계관 등을 세계적이라고 믿는 사람도 드물다. 그것들에 상당히 확장되고 과분한 의미를 부여하는 민족이 그들인 것이다.

이러한 점은 수많은 지식인과 예술가, 그리고 지배계급이 내재적 수준에서 이탈리아적인 것보다는 세계인이 함께 공유 공감할 수 있는 원대하고 광범위한 진리와 세계관을 추구하고, 또 이러한 경향이 이탈리아 역사 속에 그대로 굳어졌다는 것을 의미한다.

이는 세계 최고, 세계 최초라는 표현을 좋아하는 이탈리아인들의 지나칠 정도의 과장 과시의 특징에서 잘 볼 수 있다. 또 이러한 점은 겉모습과 남의 눈을 의식하는 이탈리아인들의 특징과 연결시켜 생각할 수 있다. 실제로 이탈리아인들은 외모와 겉모습으로 사람을 평가하는 경향이 있다.

그 다음 '이탈리아 민족'이라는 용어는 상당히 추상적인 개념이다. 민족이라는 개념 자체가 우파적이면서 지역과 국가 자체를 옭아매는 특성을 보인다. 이탈리아 반도에 국한한다면 실체로서, 구체적 국민성으로서 이탈리아 민족이 존재해야 할 당위성이 있다. 그러나 실제로 이탈리아 민족이 존재했던가에 대해서는 고민이 필요하다.

로마시대 이래 지역과 인종에 한정하여 이탈리아 민족이나 국가를 거론한 적이 없었다. 기껏해야 시민권이라는, 시민에게 정치적 위상과 권리를 부여하는 개념을 통해 제국과 영토를 묶는 작업을 해왔기 때문이다. 가톨릭의 세계지향성 역시 그런 이탈리아나 로마의 성격에 잘 부합했기 때문에 종교로서 인정받고 상당 기간 국교로 공인될 수 있었다.

결국 이탈리아 민족이란 문학가들과 일부 정치가들이 바라고 꿈꾸던 이상에 불과했다. 실제로는 존재하지 않은 이상형을 원하는 대로 만들어 내는 과정에서 우리가 알고 있는 이탈리아 민족이 하나 둘씩 만들어지기 시작했던 것이다. 역사 속에서 이탈리아 민족이 구체적으로 거론되었던 것이 19세기였고, 나폴레옹의 지배가 끝나면서 유럽이 환호하게 된 민족주의의 환상에 편승했다고 보는 편이 나을 것이다.

실제로 이탈리아 통일의 3대 영웅으로 이야기되는 마찌니, 카부르, 가리발디 모두 이탈리아 민족에 대한 구체적이고 정확한 정체성을 가지고 있지 않았다. 마찌니는 가톨릭에 기반한 가톨릭 공화주의를 주창했던 세계시민론자이고, 카부르는 이탈리아 통일왕국의 초대 총리였음에도 이탈리아어로 연설하지 못하고 이탈리아어를 떠듬거리는 정치가였다. 가리발디 역시 뛰어난 용병 대장이었지만, 이탈리아라는 국가나 민족의 대의를 절대적 사명으로 생각하지 않았던 인물이었다.

오히려 이탈리아 민족을 강조했던 것은 파시즘 체제였다. 무솔리니는 이탈리아 민족의 이상향을 로마제국으로 삼았다. 그는 가부장적 사회질서와 이민족을 배척하는 국수주의 정책을 통해 이탈리아 언어를 보호하고, 이탈리아인과 타자와의 구별 정책을 통해 이탈리아적이고 이탈리아 민족만을 위한 독자적인 문화를 구축하고자 했다. 또한 로마제국의 영광을 현대에 구현하고자 노력했는데, 이를 실행에 옮긴 것이 이디오피아를 비롯한 식민지 건설과 제2차 세계대전의 참전이었다.

결국 민족국가 개념을 처음으로 구체화시키고, 이를 실행하기 위해 노력했던 체제가 20세기 초의 파시즘이라는 사실은, 현재의 이탈리아 민족이나 그 문화적 정체성을 어떻게 정의할 수 있을 것인가에 대한 답을 구하기 어렵게 만드는 원인이 된 것이다. 곧 역사의 뒤안길에 여기저기 파편화되어 있던 이탈리아의 국가적 정체성과 민족성을 인위적으로 구체화하려 했던 주체가 독재적이고 전체주의인 파시즘 정권이기 때문에 답을 구하기가 더욱 힘들 수밖에 없는 것이다.

지역성은 현재의 이탈리아를 정의하는데 여전히 유효하다. 그리고 앞의 두 개념보다는 좀 더 설명이 쉬울 것이다. 그러나 지역성을 파편이나 분열, 혹은 지방의 다양성 정도로 해석, 정의하는 것은 전적으로 동의할 수 없다. 이탈리아의 다양성은 조금 다른 의미로 생각된다. 특히 지역을 중심으로 고유한 성격과 문화가 어우러져 로마시대 이후 고착화된 토착성이 이탈리아의 문화적 정체성을 구성하는 요소로 자리 잡았다고 보는 편이 더 정확하다.

이탈리아적 특성과 정체성이라는 것은 어느 하나로 통일되거나 집약되어 나타나지 않는다. 다양한 이탈리아적 요소들이 개별성을 유지한 채 종합적으로 완성되어 이탈리아성을 구성한다고 보는 것이 옳다. 어쩌면 그런 것을 구분하는 것도 생각보다 쉽지 않으며, 이탈리아의 정체성을 규명하는 것이 어려운 이유가 바로 그것이다. 하나인 듯, 여럿인 듯, 혹은 천개인 듯한 이탈리아가 이야기되는 것이 바로 이런 이유이다.

꼭 집어 이야기할 수 있는 이탈리아적 특징은 무엇일까? 이탈리아를 어떤 의미에서 문화적으로 규정할 수 있을까? 이에 대한 답은 하나의 방향에서만 끄집어 낼 수 없다는 것을 미리 밝혀야겠다. 이탈리아의 지리적 위치가 유럽, 아니 서양문명의 디딤돌이자 기반이었다는 역사적 배경과, 현재의 유럽이 완성되는데 결정적으로 중요한 토대를 제공하고 있다는 현실 상황을 고려하지 않을 수 없기 때문이다. 유럽의 구성이라는 점에서 이탈리아는 단순히 지리적 측면 이상의 의미를 가진다.

이러한 이탈리아의 이중성은 문화 구성상 중요 특징의 하나이다. 이탈리아 문화를 특징짓는데 가장 유효적절한 단어가 이중성이 아닌가싶다. 이탈리아 문화의 이중성은 보통 3~4가지 수준에서 이야기된다. 첫 번째는 지형적 측면, 두 번째는 문화적 범주, 셋째는 지향성의 측면, 마지막은 문화가 여러 시대를 거쳐 중첩되어 다층문화의 성격을 갖는다는 점이다.

첫 번째 지형적 측면의 이중성은, 지중해 문화의 중심지라는 면과 유럽 문화의 기반을 제공했다는 이중성이다. 고대 그리스와 이집트에 이어 지중해 문화의 중심지로서 이탈리아 반도가 중요한 정치 문화적 역할을 해왔다는 것이다. 이는 지중해 이슬람의 문화적 영향과 남부 지중해 문화의 흔적이 남부지방을 중심으로 곳곳에 남아있다는 의미이다.

그리스 '식민지로 출발한 남부 이탈리아 곳곳이나, 그리스와 이집트의 문화적 영향력, 그리고 항상 인접하고 있던 북아프리카의 흔적들이 실제 남부 이탈리아의 많은 지방과 풍속에 고스란히 흔적을 남기고 있다. 뿔리아 주와 몰리제 주의 산골에서는 히잡과 같은 형태의 얼굴을 가리는 천을 나이 든 여인들이 착용하고 있는 모습도 심심치 않게 볼 수 있다. 시칠리아의 여러 지역에서는 그리스 신전과 같은 유물들이 즐비하며, 빈대떡과 비슷한 이슬람인들이 즐겨먹는 음식들도 남아 있다.

그럼에도 여전히 유럽 문화의 시작을 알리는 유럽성의 출발지는 이탈리아 반도였다. 그리스로부터 시작한 민주주의와 공화주의는 로마에서 꽃을 피웠고, 가톨릭이라는 유럽인의 문화적 헤게모니는 십자군을 통해 르네상스라는 문화적 공유의 가능성을 시작하게 하였다. 결국 이탈리아 반도는 지중해 문명과 유럽 문명의 중간지대에서 그 통합의 중심지이자 출발지로서 이중의 기능과 역할을 훌륭하게 수행하였다.

두 번째 문화적 범주의 이중성은, 유럽 문화와 이탈리아 문화의 복합성과 이중적 성격이 혼재되어 있음을 의미한다. 이탈리아 문화의 토대에는 보다 광역적인 다른 유럽 나라들의 흔적이 담겨 있다. 이는 역사적으로 부르봉 왕조, 스페인 왕국, 합스부르크 왕조, 영국과 북구의 노르만 민족의 영향이 이탈리아의 토착문화와 만나 복합적 문화 양상을 태동시켰다는 사실이다.

이탈리아 통일의 주역이라 할 수 있는 삐에몬떼의 사보이 왕가도 절대왕정 시기 부르봉 왕조의 영향력이 깊은 알프스 이남의 문화였다. 실제로 건축 양식이나 음식과 풍속 등에서 부르봉 왕조의 그것과 비슷한 측면이 있다. 베네찌아와 롬바르디아 역시 오스트리아 게르만 문화의 영향력이 지역 전반에 걸쳐 광범위하게 관통하여 있으며, 인종이나 언어에까지도 그 흔적이 남아 있다.

앞에서 언급한 시칠리아도 역사적으로 8개 이상의 문화가 중층적으로 산재해 있으며, 사르데냐는 스페인의 문화, 언어적인 영향력이 상당한 편이다. 항구도시 나폴리에도 부르봉 왕가의 잔재가 여전한 남아, 이탈리아의 토착문화와 어우러져 다층적이고 복합적인 모습의 잔영을 남기고 있다. 이런 다층적인 모습이 지역적 특성의 이탈리아적 문화들과 어울려 복잡하고 독특한 문화를 형성하고 있다.

세 번째는 문화의 궁극적 지향점에 대한 이중성이다. 앞서 언급했지만, 이탈리아 문화는 그 자체 고유성에 만족하는 것보다 세계제일주의나 세계시민주의를 지향한다. 그러나 그러한 지향성만큼이나 토착적, 지역적인 문화의 고유성과 특이성을 함께 지니고 있다. 바로 이러한 점이 이탈리아의 산업적 특색에 나타나기도 한다. 곧 세계적 브랜드 가치를 가진 많은 기업들이 지역에 기반을 둔 중소기업이라는 점이다.

패션이나 디자인 관련 기업들이 특히 이러한 특징을 보여주고 있는데, 바로 이런 점이 이탈리아 중소기업의 일반적 특징의 하나라고 평가받는다. 이탈리아 중소기업은 바로 그러한 면에서 국가경쟁력의 토대가 되고 있다.

학문이나 문화의 영역에서 나타나는 이탈리아의 지향점의 이중성은 이렇게 표현되고 복합적으로 작용하고 있다. 그리고 이러한 점이 이탈리아 문화가 세계적일 수도 있지만 지역적일 수도 있는 이중성으로 나타나는 이유이다.

지금까지 다양한 영역과 작은 주제를 통해 이탈리아를 이야기했다. 어떤 내용들은 너무 주관적이기도 하고, 어떤 면은 너무 객관적인 사실에 기반을 두고 있기도 하다. 또 어떤 사항은 지나치게 학문적이거나 분석적인 측면을 띠고 있다.

이 책이 독자들에게 어떤 평가와 느낌으로 다가설지 예측하기는 힘들지만, 한 가지 분명한 것은 내가 알고 있는 이탈리아를 이야기하기보다는 역사적으로나 문화적으로 제대로 된 밑그림을 그릴 수 있고, 전체적으로 이해 가능한 이탈리아를 이야기하고자 노력했다는 점이다.

이 책은 그저 독자들이 알고 느끼는 다양한 이탈리아의 한 부분에 지나지 않을 것이지만, 적어도 이탈리아에 대한 독자들의 인식과 시각을 확장할 수 있는 단초가 되었으면 하는 것이 필자의 간절한 바램이다.

천의 얼굴을 가진 이탈리아

"오, 이탈리아! 앗, 이탈리아!"

너무나 이중적인 이탈리아가 독자 여러분을 기다리고 있다.
자, 여러분도 스스로 그려 보시라, 어떤 이탈리아인지—

포도주로 읽는 이탈리아 역사, 포도주로 보는 이탈리아 문화

Racconti
dei vini
Italiani

이탈리아 포도주 이야기

김종법 지음 | 값 9,500원

인류 역사가 시작되면서 인간 삶의 변함없는 동반자의 하나가 바로 술이라 할 수 있다. 실제로 술과 비슷한 음료가 등장하기 시작한 것은 신화시대부터이며, 고고학적으로도 4500년이라는 오랜 역사를 갖고 있다. 동서양을 막론하고 역사 속에 나타난 술은 하나의 민족과 왕국의 흥망성쇠에 따라 시작과 끝을 함께 하였고, 오늘날에도 각 나라마다 또는 민족마다 고유한 술이 한 가지 이상이 존재하고 있다. 그 중에도 서양, 특히 유럽을 대표하는 술이 바로 포도주일 것이다. 구한말 서양문물이 전래되면서 우리나라에도 서양의 술이 소개되기 시작하였고, 포도주 역시 한국 근대사 속에서 서양의 문물로서 그 문화적 의의를 갖고 있다.

그러나 한국 사회에 소개된 포도주의 오랜 역사성에도 불구하고 문화적 의미가 보다 적확하게 알려지게 된 것은 최근의 일인 듯하다. 그나마 우리의 선입견으로 재단된 서양의 '와인'으로 이해되는 경우가 많았으며, 특정 국가에 치우쳐 소개되고 있다. 공통문모로서 포도주와 개별적 분자로서 포도주는 그 의미가 분명히 다르며, 문화적 해석과 상징 역시 조금은 차이가 있다.

이 책은 '포도주'라는 이름으로 해석할 수 있는 문화적 관점에서 '이탈리아'라는 지정학적 범위 안에서 쓴 글이다. 그저 고급스러운 서양 술의 일종인 와인이 아니라, 어느 지방에서나 찾아볼 수 있는 민속주라는 이미지로 다가설 수 있도록 역사와 문화라는 창을 통하여 소개하고자 한 것이다. 필자의 전공인 정치학과 포도주라는 주제는 너무나 거리가 있어 보이지만, 포도주를 단지 술로 해석하는 것이 아니라 인간 정치생활의 매개체로 본다면 오히려 유용한 해석 수단이 될 수 있다는 확고한 믿음 위에서 집필된 책이다.

이 책은 이탈리아 '와인'이 아닌 '포도주'에 대한 이해를 곁들인 이탈리아 역사와 이탈이아 문화에 대한 보급에 조그마한 디딤돌이 될 것이다.

학민사
Hakmin Publishers   www.hakminsa.co.kr